잃어버린 상제문화를 찾아서

동학

증산도 상생문화연구소

증산도상생문화연구총서❶

잃어버린

상제문화를 찾아서

동학

증산도 상생문화연구소

상생출판

잃어버린 **상제문화**를 찾아서 - **동학**

발행일 2010년 4월 7일 초판 1쇄

발행인 안중건

발행처 상생출판

전화 070-8644-3161

팩스 042-254-9308

E-mail sangsaengbooks@sangsaengbooks.co.kr

출판등록 2005년 3월 11일(제175호)

배본 대행처 / 대원출판

ISBN 978-89-94295-00-8

*한국십진분류법(KDC) : 한국철학, 사상(151)

태고시절에 지구상에 출현한 인류는 의식이 진화하면서 역사와 문화를 태동시켰고, 시대를 거듭하면서 역사와 문명을 계승 발전시켜왔다. 그 결과 오늘을 살고 있는 우리는 찬란한 정신문화의 금자탑을 이룩할 수 있었던 것이다. 그러나 이는 지식과 정보의 점진적인 축적을 통해서 이루어진 것이라기보다는 오히려 몇몇 사람으로부터 나온 탁월한 사상과 이를 계승하여 비약적으로 발전시킨 선각자들의 피나는 노력의 결과일 것이다.

청출어람靑出於藍이라고 하였던가! 서양의 고대 그리스 시대에 출현한 소크라테스의 사상은 제자 플라톤이 있었기에 차원 높은 학문으로 체계화될 수 있었고, 예수 그리스도가 말한 하나님의 나라는 성 바울이 있었기에 기독교 문명으로 꽃을 피웠으며, 석가釋迦가 설한 심법은 용수龍樹의 철학적 사유가 있었기에 찬란한 불교문화로 빛을 보게 된 것이다.

19세기에 이르러 지구촌에는 기존 문화의 파탄이라는 예기치 못한 변국이 찾아오게 된다. 그 당시 몇몇 열강들이 자행한 제국주의 침략 정책으로 말미암아 세계는 피비린내 나는 전쟁의 소용돌이에 휩싸였던 것이다. 특히 극동에 위치한 조선도 예외는 아니어서 내우외환內憂外患의 상황에 처해 있었다.

당시 조선은 열강의 침탈로 국권의 존립이 붕괴일로에 놓여 있었고, 국가를 지탱해온 유교문화의 사회질서가 붕괴되고, 민중들의 의식은 피폐하였으며, 나아가 민중들은 삶의 희망을 잃어버릴 상황이었다. 이런 위태로운 상황 속에서 새 시대의 새 문명을 열 수 있는 종교문화를 창도한 구도의 인물이 있었다. 그는 바로 동학東學의 교조 수운水雲 최제우崔濟愚다.

구도자 최수운은 극도의 절망의 시대에 살고 있던 민중들에게 희망과 새 삶을 던져줄 '새로운 도道를 일으키겠다'는 서원을 세우고, 36세 되던 1859년 10월 경주 용담정에 들어가 '천주天主를 친견하기 전에는 세상에 나서지 않겠다'는 다짐으로 정성을 다해 수도에 들어갔다. 이듬해인 1860년 음력 4월 5일, 그는 천주로부터 마침내 천명天命을 받는다. 천주는 바로 천지만물의 주재자인 상제上帝다. "두려워말고 놀라지 마라. 나는 세상에서 말하는 상제이거늘 너는 어찌 상제를 모르느냐勿懼勿恐 世人謂我上帝 汝不知上帝耶"(『동경대전東經大全』「포덕문布德文」). 이후 수운은 상제로부터 직접 대도大道를 받아내려 새 시대의 문화창달을 위한 동학東

學을 개창한다.

최수운이 창도한 동학의 이념을 큰 틀에서 보면 그 핵심 사상은 두 가지로 압축된다. 하나는 주자학 일변으로 인하여 퇴색되어 버린 천주관天主觀을 회복하는 것이다. 그 길은, 『동경대전東經大全』「논학문論學文」에서 밝힌 바와 같이, 부모를 극진히 모시듯이 '천주를 모셔야 한다[侍天主]'는 사상에 있다. 다른 하나는, 『용담유사』에서 언급된, 선천의 묵은 세상을 정화하기 위해 창궐하는 '십이제국 괴질운수十二諸國 怪疾運數'와 더불어 '무극대운無極大運'이 닥쳐와 '무극대도無極大道'로써 새 세상이 열리게 된다는 후천 개벽사상이다. 말하자면 지구촌 인류가 우주만물을 창조·주관하는 천주를 내 몸같이 모시면, 괴질이 창궐하여 지구촌에 병란病亂이 휩쓸지라도 구원을 받아 후천 새 세상에서 복락을 누릴 수 있다는 것이다.

동학을 본질적으로 파악할 수 있는 핵심 코드는 무엇보다도 '천주天主'에 있을 것이다.

수운은 「포덕문布德文」첫머리에서 '우주만물이 처음 생겼을 때부터 봄과 가을이 서로 교체되면서, 즉 봄에는 만물을 탄생시켜 여름에 성장시키고, 가을에 결실을 맺고 죽어 겨울에 다음해의 탄생을 준비하듯이, 사시가 끊임없이 순환하고 있음은 모두 천주가 창조를 짓는 자취가 천하에 뚜렷이 나타나고 있는 것이라'고 주창한다. 수운이 말하는 천주는, 서양 기독교의 측면에서 볼 때, 우주만물을 창조하였으나 피조물을 떠나 초월해 있는 창조주 하나님Deus이요, 동양의 천명天命사상에서 볼 때, 우주만물을 화생시키고 발육시키는 천도天道의 주재자 , 즉 '세상 사람들이 상제라고 말하는[世人謂我上帝]' 그런 최고의 인격신을 지칭한다. 여기에서 수운은 서교의 창조신과 동양의 주재신을 융합하고 통일하여 인류의 정신문화를 한층 고양시키고자 했음을 우리는 분명하게 엿볼 수 있을 것이다.

또한 수운은 「논학문論學文」에서 제자들이 '천주가 내려준 도[天道]'에 대하여 묻자, '서교의 도나 나의 도는 같으나 이치가 다르다'고 말하면서, 서교에는 '기화지신氣化之神'이 없다고 강하게 비판한다. 기화지신은 글자 그대로 '기가 화하여 신으로 됨'을 뜻하는데, 이를 풀이하면 사람의 각자에게 '외적으로는 지극한 영적 기운에 접함이 있고[外有接靈之氣], 내적으로는 말씀을 내려 가르침이 있음[內有降話之敎]'을 말한다. 말하자면 서교에 기화지신이 없다고 말한 핵심은 피조된 사람에게 하나님의 지극한 창조기운[外有氣化]이 없고, 기운이 화하여 내재된 하나님의 성령[內有神靈]이 없으므로, '천주를 위하는 단서가 없고[爲天主之端]', 천주의 '도는 허무에 가까우며[道近虛無]', '학은 천주가 아니다[學非天主]'는 뜻이다. 여기에서 우리는 수운이 제창한 동학이 기화론氣化論적 우주관과 신관을 융합하여 철학과 종교의 통일성을 모색하고 있음을 간파해 낼 수 있다.

동학이 제시하는 진리의 목적은 창조관과 주재관, 기화론적 우주관과 인간 내면에 잠재된 신성을 일깨우는 종교관을 융합 회통會通하여 새로운 시대의 정신문화를 창출하려는 것이었으리라. 그러나 수운 이후 동학의 핵심 주제인 천주관은 2대 교주 해월海月 최시형崔時亨과 3대 교주 의암義菴 손병희孫秉熙를 거치면서 본래의 의미로부터 상당히 벗어나 버리게 된다. 심지어 수운이 창도한 동학의 진리는 세대를 거듭할수록 시대를 이끄는 찬란한 정신문명으로 꽃피우기는커녕 역사의 뒤안길로 점점 사라져가고 있다. 그 결정적인 까닭은 어디에 있는 것일까? 그것은 '천주'에 대한 편협하거나 잘못된 해석에 있지는 않을까?

수운이 말한 천주에는 창조주와 주재자, 두 의미가 음양 짝으로 혼용되어 있다. 우선 천주는 우주만물의 생명을 창조하는 근원적인 조물자造物者를 뜻한다. 조물자는 우주에 꽉 차 있는 허령창창虛靈蒼蒼한 신령한 기운[至氣]으로 창조의 주체가 된다. 우주만물은 모두 조물자로부터 창조되었기 때문에, 외적으로 지극한 천주의 기운에 접할 수 있고, 내적으로는 천주의 신령함을 갖추고 있는 것이다. 다음으로 천주는 창조된 우주만물을 질서와 조화로써 다스리는 인격적인 주재자主宰者를 뜻한다. 주재자는 하늘의 도[天道]로써 창조의 기운을 주재하는, 즉 도의 원 주인이 되는 인격적인 상제上帝다. 그렇기 때문에 수운은 목숨을 건 구도求道 끝에 '밖으로 신령한 기운에 접함이 있어[外有接靈之氣]' 신비체험에 들어가게 되고, '안으로는 말로 내리는 가르침[內有降話之敎]'이 있어 상제로부터 '무궁한 큰 도[無極大道]'를 직접 내려 받을 수 있었다. 이와 같이 조물자인 신령한 지기와 인격적 주재자인 상제는, 마치 손바닥과 손등의 관계와 같이, 서로 떨어져 존재할 수 없는 천주의 두 측면이다.

천주에 대한 이중적인 의미를 해월 최시형은 상제로서의 천주를 버리고 조물자로서의 천주만을 내세워 '내유신령內有神靈'만을 강조하게 되었다. 그래서 그는 「대인접물待人接物」에서 "사람이 곧 한울이니, 사람 섬기기를 한울같이 하라."고 주장하게 되었다. 이는 곧 인간을 포함한 만물이 똑같이 천주[조물자]로부터 나왔다는 의미에서 사람이나 소, 돼지, 나무 등 모든 것이 하늘과 같이 신성하다는 쪽으로 귀결되고, 이로부터 동학 연구자들은 천주에 대한 해석상의 혼란을 겪게 되었던 것이다. 게다가 의암 손병희는 상제로서의 천주를 버림은 물론이고, 조물자로서의 천주만을 내세우면서도 해월과는 달리 '외유기화外有氣化'만을 강조하게 되었다. 그래서 손병희는 「각세진경覺世眞經」에서 '시천주'를 규정하여 "만물은 다 성품이 있고 마음이 있으니 이 성품과 이 마음은 한울에서 나온 것이라. 그러므로 한울을 모셨다고 말하는 것이니라"고 주장하게 된다. 결국 동학의 천주관은 천도교에 이르러 '사람이 곧 하늘이다[人乃天]'는 사상으로 변질되어 버렸다.

상제관이 바로 서지 않으면 우주만물의 원 주인도 제자리를 잡지 못한다. 그래서 이 책은 최수운이 창도한 동학에서 상제관 바로 세우기의 일환으로 집필되었다. 이 책의 필자들은 이경해경以經解經의 방법을 택해 수운의 언행을 기록한 『동경대전』과

『용담유사』등의 원전原典에 충실하여 수운 이후 동학 연구자들의 무관심 내지는 그릇된 해석으로 인해 역사 속으로 사라져가는 상제관을 복원시키는 데에 주력하였다.

우선 강영한 연구위원의 「너는 상제를 모르느냐汝不知上帝耶」는 우주만물의 주재자 상제를 염두에 두고 논의를 전개하고 있는데, 필자는 기존 동학 연구자들의 관련 내용을 비판하면서 천주가 상제임을 초지일관 천명하고 있다.

다음으로 유철 연구위원의 「동학의 '시천주' 주문」은 천주가 상제라는 전제 하에 '천주를 지극정성으로 모시면[侍天主], 천주의 조화가 내게 정해지고[造化定], 곧 만사지 하게 된다[萬事知]'는 진리를 체계적으로 설명하였다.

원정근 연구위원의 「증산도의 조화관—동학의 조화관과 연계하여—」은 동학과 증산도의 연계성을 조화관을 중심으로 해명하고 있다. 특히 '천주의 조화[天主造化]'를 주재자인 '상제의 조화[上帝造化]'와 '천지의 조화기운[至氣]'으로 구분하면서, 이를 토대로 '조화의 주신主神'과 '조화의 원신元神'의 관계를 정리하였다.

황경선 연구위원의 「수운水雲 최제우崔濟愚에서 선仙의 문제」는 전통적인 신교神教의 맥을 더듬어 살피면서 수운이 제창한 선의 핵심이 상제의 조화에 있음을 '시천주 조화정'의 풀이를 통해 설명하였다.

마지막으로 김현일 연구위원의 「역사적으로 본 동학의 개벽사상」은 수운 으로부터 강증산에 이르기까지 개벽사상이 역사적으로 어떻게 전개·발전되었는지 추적하였다.

수운 이후 동학에 대한 국내외의 연구물들은 여러 학자들에 의해 다각도에서 수없이 양산된 것으로 알려져 있다. 수운이 창도한 동학의 핵심 이념은 '상제관'에 있다. 이 책을 계기로 수운이 말한 인격적인 주재자 상제, 또는 천주에 대한 체계적이고 깊이 있는 논의가 진척되고 확산되기를 기대해 본다.

2009년 12월 16일
증산도상생문화연구소 편집위원장 문 계 석

글 순서

14

너는 상제를 모르느냐
汝不知上帝耶

강영한

1. 들어가기 - 동학 신관 연구에 대한 문제 제기

"나는 상제이다. 너는 상제를 모르느냐? ....너는 나의 아들이니 나를 아버지라 불러라." (「수운행록」; 「최선생문집도원기서」)[1]

"두려워하거나 겁내지 말라. 세상 사람들이 나를 상제라 하는데 너는 상제를 모르느냐? .... 나의 이 영부를 받아 사람들을 질병에서 건지고 나의 주문을 받아 사람들을 가르쳐 나를 위하게 하면 너도 또한 장생하여 천하에 덕을 펴게 될 것이다." (「포덕문」)[2]

이것은 수운 최제우(1824~1864)가 경신년(1860) 4월 5일, 상제上帝로부터 천명을 받는 모습이다. 수운은 상제로부터 영부와 주문을 받고, 세상 사람들로 하여금 상제를 위하도록 가르치라는 명을 받았다. 수운은 상제의 천명에 따라 상제를 받들고[侍] 위하는[爲] 가르침을 온 누리에 폈다. 동학東學은 이러한 상제의 천명으로 시작되었다. 그러므로 동학은 '상제'에 연원을 두고 있다.

그런데 지금까지 이루어진 수많은 동학 신관과 관련한 연구들

---

1) "余是上帝, 汝不知上帝耶? .....汝則吾子, 呼我謂父也."
2) "勿懼勿恐. 世人謂我上帝, 汝不知上帝耶? ....受我此符, 濟人疾病, 受我呪文, 敎人爲我, 則汝亦長生, 布德天下矣."

을 보면 우리는 고개를 갸우뚱하게 된다. 놀라지 않을 수 없다. 왜냐하면 연구자들이 저마다 동학의 신을 말하지만 거기에서 수운에게 천명을 내린 상제를 찾기가 쉽지 않기 때문이다. 상제를 제거한 것은 물론, 이를테면 하늘님을 인간의 몸에 모셔진 내재적 존재로 당연시하기도 한다.

이렇게 상제가 부정되고 하늘님을 몸에 모셔진 존재로 보게 된 원인은 무엇일까? 그 원인의 하나는 수운의 도통을 이어받은 해월 최시형(1827~1898)과 그를 계승한 의암 손병희(1861~1922)에 기인한다. 수운의 신 관념은 이들에 이르러 크게 변화되었기 때문이다.

작금의 동학 신관 연구들은 대부분 동학의 원초적 신 관념이 아닌, 해월이나 의암에 의해 변화된 신 관념을 동학의 보편적 신 관념으로 간주하고 있다. 이로 인해 동학 신관 연구들은 동학의 신을 말하지만 거기에 수운의 상제는 없고, 해월과 의암이 말하는 내 안에 모신 하늘님, 비인격적인 하늘[天]만 말할 뿐이다. 천주를 잘 모시라는 가르침은 사라지고, 사람을 하늘 대하듯이 하라거나 사람이 하늘이라는 가르침이 있을 뿐이다. 한마디로 수운의 상제는 사라지고 시천주侍天主의 의미는 변화되었다. 동학의 상제를 바로 알기 위해서는 상제 바로 잡기와 수운이 못다 밝힌 상제 참모습 바로 알기에서 출발해야 한다.

이 연구는 증산도의 관점에서 오늘날 동학 신관 연구들이 상제에 대한 수운의 생각을 잘못 말하는 몇 가지를 논의하고, 나아가 그가 다 밝히지 못한 상제의 참 모습을 밝히는 데 목적이 있다. 이를 위해 논자는 먼저 2장에서 수운 동학의 핵심이 무엇인지 설명한다. 이어 3장에서는 신神의 호칭, 신의 성격을 중심으로 선행 연구들을 비판적으로 논한다. 4장에서는 동학 상제를 둘러싼 신관 변화가 어디에 기인하는지, 해월과 의암을 통해 그 배경을 밝힌다. 끝으로 5장에서는 『증산도 도전』, 참동학3)에 근거하여 수운이 밝히지 못한 상제의 참 모습을 밝힐 것이다.

2. 수운의 동학, 그 핵심은 시천주

1) 하늘을 향한 기도

수운의 하늘을 향한 실질적 구도는 스물한 살 때부터 세상 돌아가는 모습을 살핌에서 시작되었다. 10년 세상 공부를 통해 수운이 본 세상은 온통 병들어 있었다. 정치적 갈등은 첨예화하였고 경제적 착취는 일상화되었다. 유교나 불교와 같은 기성 종교의 가르침은 그 생명력을 잃어 사람들은 모두 각자위심各自爲心뿐

---

3) 참동학이란 수운의 사후 인간의 몸으로 이 세상에 내려와 동학의 이상을 이 세상에서 실현하며 펼친 증산상제의 가르침을 말한다. 증산상제는 자신의 가르침이 동학의 이상을 실현하고 세상 사람을 살릴 수 있는 참동학임을 이렇게 말하였다. "최제우는 유가의 낡은 틀을 벗어나지 못하였나니 나의 가르침이 참동학이니라."(『도전』 2:94:9) 『도전』은 증산도의 경전이다.

이고 도덕은 온 데 간 데 없었다. 그런 와중에 서세동점의 소식
으로 인해 민심은 어수선하였다. 여기에 콜레라와 같은 악질마
저 도니, 조선 사회는 총체적 위기나 다름 없었다.

병든 세상을 돌아본 수운은 위기에 처한 세상과 사람들을 구
해야 한다는 강한 소명 의식을 갖게 되었고, 이로부터 세상을 구
할 의지를 키워 나갔다. 그러나 당시 수운에게 그 구체적인 방법
은 없었다. 무엇을 어떻게 해야 할지 뾰족한 생각은 없었다. 발
등에 떨어진 불은 오히려 입에 풀칠하는 것 그 자체였다.

1854년 10월. 살길이 막막했던 수운은 처가가 있는 울산 유곡
동으로 이사 갔다. 그렇지만 거기서도 딱히 할 것이라곤 없었다.
낡은 초당에 누워 이리저리 뒤척이며 세상을 근심하거나 독서를
하며 나날을 보낼 뿐이었다. 그렇게 겨울을 보내고 나니 어느덧
서른두 살이 된 을묘년(1855)이 되었다.

3월 어느 날, 봄날의 노곤함으로 잠을 즐기는데 꿈인지 생시
인지 한 선사禪師가 수운을 찾아왔다. 금강산 유점사 스님이라고
자신을 밝힌 그는, 백일 불공을 드린 후 탑 아래에서 책 한 권을
발견했다며, 그것이 무슨 내용인지 수운에게 물었다. 3일 후 다
시 찾아온 노승은 자신은 단지 하늘이 내린 책을 전할 뿐이니,
그 책의 뜻을 세상에 행하라는 말을 하고 사라졌다.(『수운행록』) 거
기에는 기도祈禱에 관한 가르침이 담겨 있었다.[4] 세상을 구할 방
도가 없던 수운은 책의 가르침에 따라 하늘에 기도하는 종교적

수행을 하기로 결심하였다. 이 을묘천서乙卯天書 사건은 수운으로 하여금 하늘을 향한 구도를 천명으로 받아들이게 하였다.

1856년 여름에 수운은 양산에 있는 천성산 내원암으로 갔다. 그리고 3층 제단을 쌓고 49일을 잡아 기도를 시작했다. 마음속으로는 천주의 강령과 가르침[命敎]이 있기만을 바랐다.(「수운행록」; 「최선생문집도원기서」) 그러나 49일을 이틀 앞두고 여든에 이른 숙부가 별세하여 불가피하게 중단할 수밖에 없었다. 복인服人의 몸으로서 축원하여 정성을 바친다는 것은 온당치 못하였기 때문이었다. 1857년 여름, 이번에는 천성산에 있던 자연동굴인 적멸굴에 들어가 49일 동안 정성어린 치성을 마쳤다.

그러나 하늘을 향한 두 번의 기도에도 불구하고 수운은 아무 것도 얻은 것이 없었다. 그간 먹고사는 문제를 해결하기 위해 철점과 같은 세간의 일도 해 보았으나 그것마저 실패하였다.(「수운행록」) 이쯤 되니 수운은 다시 앞날이 막막하였다.

하는 수 없이 그는 6년간 살던 울산 여시바윗골을 떠나 처자들을 데리고 초라한 모습으로 고향인 경주로 돌아갔다. 이 때가 1859년 10월이었다. 말이 고향이지, 남은 것은 구미산 계곡에 있는 용담정이 고작이었다. 부모가 남겨 준 유산을 모두 탕진하

---

4) 「수운행록」과 「최선생문집도원기서」에는 기도만을 말하고 있으나 『천도교서』
　에는 49일 동안 하늘에 기도[祈天]라는 구체적 표현이 있다. 『도전』 1:8:8에서
　는 기도뿐 아니라 신교神敎의 요체도 담겨 있다고 하였다.

고 말았으니 용담정에서 기거할 수밖에 없었다.

그러나 수운은 하늘을 향한 구도 의지만은 버리지 않았다. 이번에는 재가在家 구도를 시작했다. 그는 이름을 '어리석은 창생을 건진다'는 뜻인 제우濟愚로, 호號를 '천지 생명을 상징하는 물과 구름을 의미'하는 수운水雲으로 고쳤다.(『교훈가』) 그리고 천주를 친견하기 전에는 세상에 나서지 않겠다는 다짐으로 기도에 정진하였다.(『도전』 1:8:10) 다음해 입춘 때는 세상을 구할 도를 깨치지 못하면 밖으로 나가지 않겠다는 의지를 보여주는 글[5]을 써 붙이기도 하였다.

2) 상제의 천명

해는 바뀌어 1860년 경신년 4월 초 5일이었다. 이 날은 장조카 맹륜의 생일이었다. 사람을 보내어 오기를 청하니 수운도 거기에 참석했다. 잔칫상을 물릴 무렵, 수운은 몸과 마음이 이상함을 느꼈다. 집으로 돌아온 수운은 아니나 다를까 대청에 오르자 별안간 몸이 떨리고 정신이 혼미해졌다. 무슨 증세인지 종잡을 수 없고 말로써 표현할 수 없었다. 하늘에 대한 그의 간절한 기도 때문이었을까? 수운이 상제의 목소리를 듣고 상제의 가르침을 받는 종교적 신비 체험은 이로부터 시작되었다.

---

5) "道氣長存邪不入, 世間衆人不同歸. 도의 기운을 항상 보존하면 삿된 기운이 들어오지 못하니 세간의 뭇사람과 함께 돌아가지 않으리라." 「입춘시」

"공중에서 들리는 소리는 누구입니까?" "두려워하거나
겁내지 말거라. 나는 상제이다. 너는 상제를 모르느냐?"
"너는 흰 종이를 펴고 나의 부도符圖를 받아라." "너는 나
의 아들이다. 나를 아버지라고 불러라." "두려워하거나 겁
내지 말거라. 세상 사람들이 나를 상제라 하는데 너는 상
제를 모르느냐…"

「수운행록」, 「최선생문집도원기서」, 『동경대전』 「포덕문」에
나오는 이 내용에 의하면 수운이 경신년에 종교적 신비 체험을
통해 만난 존재는 상제였다. 상제는 수운을 자신의 아들이라 하
고 수운에게 자신을 아버지라고 부르게 하였다.

상제는 왜 하필 수운에게 천명을 내렸을까? 왜 수운을 택했을
까? 상제는 수운이 자신의 가르침을 펼칠 사람이라는 것을 이렇
게 피력하였다. "낙지落地 이후 처음이로다. 착한 운수 둘러 놓고
포태지수胞胎之數 정해 내어 자아시自兒時 자라날 때 어느 일을 내
모르며,…"(「교훈가」)

여기서 '낙지落地 이후 처음'이라는 것은 수운이 이 세상이 생
긴 이래 처음으로 상제 자신의 가르침을 받아 내렸다는 것이다.
'착한 운수 둘러놓고 포태지수 정해내어'라는 것은 새로운 세상
이 열릴 운수를 맞아 그 운수를 이끌 사람을 포태하게 하였다는
것이다. 그리고 '자아시 자라날 때 어느 일을 내 모르며'라는 것
은 수운의 어릴 때부터의 모든 것을 상제 자신이 잘 안다는 것이

다. 그러므로 상제는 수운의 하늘을 향한 정성도 잘 알고 있었다. 이는 결국 상제가 자신의 뜻을 펴기 위해 수운을 세상에 보냈다는 것과 다름없다.

그렇다면 수운은 사람들을 어떻게 가르쳤을까? 무엇으로 가르쳤는가? 수운이 상제에게 서도西道로써 가르쳐야 하는지 묻자 상제는 이렇게 답하였다. "그렇지 않다. 나에게 영부가 있으니 그 이름은 선약이요 형상은 태극이요 또 궁궁弓弓이니 나의 이 영부를 받아 사람들을 질병에서 구하고 나의 주문을 받아 세상 사람들로 하여금 나를 지극히 위하게 하면 너도 또한 장생하여 천하에 덕을 펴리라."(「포덕문」)⁶⁾ 상제는 수운에게 영부를 주었다. 상제는 수운에게 주문을 받아 세상 사람들로 하여금 자신을 지극히 위하도록 가르치게 하였다. 상제는 수운에게 무궁한 도를 주고, 자신의 도를 밝힐 수 있는 글을 지어 그 글로써 세상 사람들을 가르치고, 자신을 위할 수 있는 수련의 법을 정하여 무궁한 덕을 펼치라는 가르침을 내렸다.

4월부터 시작하여 수개월 동안 지속된 소위 천상문답天上問答 사건을 통해 수운은 상제의 가르침을 받아 내렸다. 그렇다면 수운을 이를 무엇이라 하였는가? 수운은 상제로부터 받은 이 도를 『동경대전』이나 『용담유사』에서 '천도天道', '무극대도無極大道'

---

6) "不然. 吾有靈符, 其名仙藥, 其形太極, 又形弓弓, 受我此符, 濟人疾病, 受我呪文, 敎人爲我, 則汝亦長生, 布德天下侍矣."

로 표현하였다. 그러나 제자들이 와서 수운이 받은 도의 이름을 묻자, 자신의 도道, 즉 신념 체계는 서학의 도와 같이 비록 천도 지만, 천도를 밝히는 이치인 학學은 서학과 다른 '동학東學'이라 고 하였다.[7]

수운은 1862년 1월에 쓴 「논학문」에서 "나는 동방에서 태어 나 동방에서 도를 받았으니 도는 비록 천도이지만 학은 곧 동학 이다"(「논학문」)[8] 라고 하여, 동학 개념을 처음으로 사용하였다.

이렇게 시작된 동학의 핵심 메시지는 무엇인가? 수운이 상제 로부터 받은 가르침의 핵심을 한마디로 말하면 '시천주侍天主'이 다. 천주, 즉 상제를 지극 정성으로 모시라는 것이다. 시천주 21 자 주문이 이를 말해 준다.

수운은 수개월 동안 상제와의 문답을 통해 많은 변화를 경험 하였다. 수운은 상제의 가르침에 따라 거의 일년이 되도록 수련 을 하고 헤아려 보았다. 그 결과 도의 이치가 자연의 이법에 따

---

7) 수운은 「논학문」에서 동학이 서학과는 다르다고 하였다. 서학은 선천 오만 년 의 운을 타고 나온 가르침이고 동학은 후천 오만 년의 운을 받아 일어난 것이 므로, 운이라는 면에서 보면 같다. 둘 다 천도의 일부분이라는 점에서 공통적 이다. 그러나 도에 이르는 방법, 즉 이치에 있어서는 다르다. 수운은 자신의 도 는 천지운행을 아무런 작위 함이 없이 운행하는 이법에 따라 살도록 가르치는 무위이화의 이치를 도법으로 삼는다고 하였다. 그러나 서양 사람들의 경전에 는 천지에 대한 말이 없을 뿐만 아니라 천주를 위하는 마음이 없이 제 몸만 잘 되기를 꾀할 뿐이다. 수운은 서학에는 하늘님의 가르침이 없다고 판단하였다.
8) "吾亦生於東, 受於東, 道雖天道, 學則東學."

르지 않는 것이 하나도 없이, 자연의 이치에 의하여 이룩된 것임을 알게 되었다. 또한 몸도 마음도 달라졌다. 자신이 그토록 찾던 상제를 만남으로써 생각하는 바가 달라졌고, 인간과 세상을 보는 눈이 이전과 확 달라졌다. 그래서 영원히 하늘님을 잊지 않는 글인 주문을 비롯한 여러 가지 글[9]과 강령하는 법을 지었다.

21자 주문은 "시천주조화정侍天主造化定 영세불망만사지永世不忘萬事知"열석 자 본 주문과, 그 열석 자의 뜻을 크게 이루는 "지기금지원위대강至氣今至願爲大降"여덟 자로 이루어진 강령 주문으로 구성되었다.

이 시천주 주문은 천지의 근본이 되는 주문이다. 그것은 한마디로 "천명을 받는 무극대도의 본원주本源呪"(『도전』 11:180:5), "상제를 지극히 공경하고 내 부모와 같이 모시라는 주문"(『도전』 11:180:5)이다.

13자 본 주문 내용은 "인간 세상에 오신 천주를 모시고 무궁한 새 세계의 조화를 정하나니 천지만사를 도통하는 큰 은혜 영세토록 잊지 못하옵니다"(『도전』 4:141:3)라는 뜻이다. 그 핵심은 천주님을 모시면 내 몸에서 새로운 창조의 변화[조화]가 일어나 만사를 환히 아는 큰 지혜를 얻게 된다[도통]는 것이다.[10] 도를 닦

---

9) 1860년 5월에 「용담가」, 1861년 4~5월에 「주문」, 6월에 「포덕문」을 지었다. 수운은 1861년 6월부터 본격적으로 포교를 시작하였다.
10) 안경전, 「진주도수의 큰 열매를 맺는 일꾼이 되자」, 56쪽.

는 사람은 시천주 주문을 통해 늘 하늘님을 모실 것을 다짐하고, 이를 바탕으로 하늘님 모시기에 최선을 다하면 그 정성에 따라 내 몸과 마음에 조화를 얻게 되고, 만사를 깨닫게 된다. 그러므로 모든 문제가 해결될 수 있다.[11]

강령 주문은 이러한 본 주문을 바탕으로 천지의 조화기운, 천지 화복의 지극한 기운, 천지의 성령이 크게 내려오기를 바라는 주문이다. 사람들은 강령 주문을 외워서 성령을 내려 받고 이를 통해 상제의 영험을 받을 수 있다. 인간은 상제의 강령 체험을 통해 상제의 성령 체험과 조화기운을 내려받을 수 있는 것이다. 수운은 천주를 모시라는 것을 사람들에게 가르치고 수련을 통한 상제의 강령을 체험할 것을 강조하였는데, 그 방법으로 성경신誠敬信, 수심정기修心正氣를 중시하였다.

수운은 상제의 가르침을 지극 정성으로 폈다. 그러나 시천주의 본질적 의미를 전하지는 못했다. 참동학은 시천주를 단순히 천주를 잘 모시라는 것으로 보지 않고, 그 본질적 의미를 파격적으로 해석한다. 즉 시천주를 "인간으로 오시는 천주님을 모셔라. 인간으로 오는 천주님을 모셔야 한다. 지금은 인간으로 오시는 천지의 주인이신 상제님, 천주님을 모시는 때"[12] 라고 하여, 시

---

11) 이런 의미에서 증산상제는 "시천주주에 큰 기운이 갋아 있나니 이 주문을 많이 읽으면 소원하여 이루지 못하는 일이 없느니라"(『도전』 2:148:2)고 하였다.
12) 안경전, 「지금은 인간으로 오시는 천주님을 모시는 때」, 119쪽.

천주를 온 세상 인류가 '인간으로 오는 천주'를 잘 모시라는 것으로 본다.

수운의 이러한 시천주 사상은 종교사적으로 특별한 의미를 갖는다. 왜냐하면 논자가 보기에 천주를 잘 모시라는 수운의 가르침은 주자학 이념이 지배하던 사회의 기층을 흔들 수 있는 파격적 메시지였기 때문이다. 주자는 천天을 형이상학의 리理와 일치시켜 천을 비인격화시켰다. 반면에 수운은 인격적 존재로서 천주의 불가피성을 인식하고 그 천주를 받들라고 하였으니, 이는 왕권에 대한 도전으로 비춰지므로 가히 주자학 사상이 지배하던 사회에 반기를 든 것이나 다름없었다.

이런 맥락에서 볼 때 동학은 주자학이 지배하던 이전 시대와 결별하고, 한국 근대라는 새로운 역사의 문을 연 출발점으로 평가될 수 있다. 서구 역사에서 말하는 자유·평등과 같은 새로운 정신이나 과학 기술의 발전에 바탕을 둔 생산 수단의 발전과 같은 요인이 근대 세계를 연 것이 아니라, 조선의 종교문화에서 본다면 인격적 의지적 존재로서의 상제를 잘 모시라는 시천주 사상이 새로운 역사를 여는 계기였던 것이다.

3. 수운 동학의 상제 바로 잡기

1) 상제, ᄒᆞᄂᆞᆯ님, 천주 그리고 한울님

수운이 『동경대전』과 『용담유사』에서 사용한 신을 나타내는 중요한 용어는 '상제', '천주', 'ᄒᆞᄂᆞᆯ님' 등이다. 그 중 수운이 가장 먼저 사용한 호칭은 상제이다. 그는 경신년의 신비 체험에서 상제를 만났다. 이 때 상제는 자신이 옛날부터 사람들이 받들어 왔던 바로 그 상제라고 신원을 밝혔다. 그리고 수운에게 자신을 '아버지'라 부르게 하고 상제를 받들게 하라는 시천주 천명을 내렸다.

상제上帝는 어떤 존재인가? 우리의 역사에서 보면 상제는 고조선 이전의 상고시대부터 옛 사람들이 불러온 지고신, 최고신의 호칭이다. 상제의 '상'은 '천상' 또는 '지존무상'의 상이고, '제'는 '하늘님' 제이다. 그러므로 상제는 천상의 지존무상한 하늘님이란 뜻이다. 수운은 자신에게 천명을 내린 상제가 호천금궐에 있음을 밝혔다.(「안심가」)

이런 넓고 넓은 하늘에 있는 상제는 중국이나 한국의 옛사람들이 받들던 상제와 그 성격이 다르지 않다. 『시경』이나 『서경』은 물론이고, 「환국본기」나 「삼성기」 그리고 「단군세기」와 같은 우리의 상고사를 알려주는 자료들도 이를 뒷받침한다.

'ᄒᆞᄂᆞᆯ님'은 수운이 『용담유사』에서 쓴 신 호칭이다. 경신년 4월 신비 체험 후 수운은 많은 글을 남겼다. 「용담가」는 수운이 상제를 만난지 약 한 달 후에 지은 것인데, 여기에서 수운의 신, 즉 상제에 대한 한글 표현이 'ㅎㄴ님'이다. 『용담유사』에만 나오는 'ㅎㄴ님'은 'ㅎㄴ'+'님', 즉 '하늘'과 존칭인 '님'의 결합이다. 그러므로 'ㅎㄴ님'은 '하늘님'이다. 상제의 의미가 천상의 하늘님인 것으로 보아 하늘님의 본래 호칭은 상제라고 할 수 있다.

'천주'라는 용어는 한문으로 된 『동경대전』에만 나타난다. 천주天主는 'ㅎㄴ+님'과 '천+주'의 관계로 보아, 'ㅎㄴ님'의 한자 표현이다.

그런데 수운이 천주라는 개념을 사용한 것을 두고 사람들은 마치 수운이 천주교의 영향을 받아서 천주 개념을 사용한 것으로 보는 경우가 많다. 김용옥이 그 전형이다. 그는 을묘천서는 마테오 리치가 쓴 『천주실의』라고 단언하고, 수운이 이 『천주실의』로부터 상제에 관한 깊은 문제의식을 발견하였다고 보았다.[13] 물론 수운이 『천주실의』를 읽고 거기에 나오는 "오국천주즉화언상제吾國天主卽華言上帝, 서양의 천주는 곧 중국말로 상제"[14]라는 말을 수용하여 상제라는 개념 대신에 천주라는 개념을 사용하였을 개연성도 있다.

그러나 논자는, 수운이 비록 천주 개념을 사용하였지만, 이러

---

13) 김용옥, 『도올 심득 동경대전-플레타르키아의 신세계-』, 205쪽 ; 210쪽.
14) 마테오 리치 지음, 송영배 외 옮김, 『천주실의』, 99쪽.

한 『천주실의』의 영향을 받아서 상제 대신에 천주라는 말을 사용했다고 단정하기는 어렵다고 본다. 왜냐하면 비록 상제와 천주가 같고 수운의 천주와 천주교의 천주라는 용어는 겉으로 같지만, 수운은 '하늘님'을 한자로 '하늘'을 '천', '님'을 존칭인 '주'라 하여 '천주'라고 하였을 뿐이기 때문이다. 수운은 어디에서도 이러한 자신의 천주를, 천주교에서 말하는 유일신이자 창조주인 천주, God와 동일시한 일이 없다.

논자가 보기에 수운이 말한 '상제'·'ᄒᆞᄂᆞᆯ님'·'천주' 세 신 호칭은 궁극적으로 같다. 그것은 모두 하늘의 가장 높은 존재, 천상의 하나님, 지존무상의 하나님, 온 천지의 주인, 궁극적 존재에 대한 서로 다른 호칭에 지나지 않는다. 호칭이 다를 뿐 그 실재는 하나이다.

그런데 동학 연구자들이 흔히 사용하는 신 호칭은 수운과는 다른 '한울님'이다. 연구자들이 한울님이라는 개념을 쓰게 되는 것은 그들이 이용하는 자료에 기인한다. 『동경대전』이나 『용담유사』, 그리고 「최선생문집도원기서」 등 동학 자료 원문에는 상제·천주·ᄒᆞᄂᆞᆯ님 등의 용어가 많다. 그런데 『천도교 경전』에서 알 수 있듯이, 번역 또는 현대어로 바꾸는 과정에서 상제·천주·ᄒᆞᄂᆞᆯ님은 거의 대부분 '한울님'으로 통일되었다. 수운이나 원문 필자의 생각과는 다르게, 천도교의 공식 호칭에 맞추어 한울님으로 바뀌었다.

천도교의 한울은 수운의 상제와 근본적으로 다르다. 인내천을 철학화한 이돈화는 한울을 인격적 의지적 신을 가리켜 하는 말이 아니라면서 한울을 양적으로는 부분에 대한 우주 전체, 질적으로는 소아小我에 대한 대아大我라고 하였다.[15] 여기서는 인격적이고 의지적 존재인 상제의 모습을 찾기 어렵다. 작금의 연구자들은 이런 한울을 그대로 인용할 뿐이다. 사정이 이렇다 보니 수운의 신을 말하면서도 한울님이라는 호칭이 일반적으로 사용되게 되었다. 의암을 말하고 천도교를 연구하면서 한울님이라는 개념을 쓰는 것은 당연한 일이다. 그러나 논자가 보기에 동학 연구자들이 동학을 말하면서 한울님 운운하는 것은 무언가 자연스럽지 못하다. 특히 수운의 동학 신관을 말하며 하늘님이 아닌 한울님을 말하는 것은 문제가 있다.

수운은 '한울님'을 말하지 않았다. 한울님은 수운과 아무 관련이 없을 뿐만 아니라, 이돈화에 의해 철학화된 한울님은 수운의 하늘님과 그 성격이 다르다. 한울님은 천도교의 신 호칭일지는 몰라도 수운 동학의 신 호칭은 아니다. 동학의 신 호칭은 한울님이 아닌, 하늘님·천주의 본래 호칭이자 동학의 연원인 '상제'로 돌아가야 한다.

---

15) 이돈화, 『신인철학』, 9쪽.

2) 인격적 주재자 상제

그렇다면 수운이 말한 상제는 구체적으로 어떤 존재인가? 먼저 상제는 주재主宰적 존재이다. 주재란 무엇인가? 그것은 만물을 두루 다스린다는 것이다. 어떤 일이든 그것이 잘 되기 위해서는 일을 맡아 처리하는 주체가 필요하다. 큰 일이건 작은 일이건 주재하는 주체가 없으면 일이 제대로 이루어지지 못한다. 주재란 어떤 일을 중심이 되어 맡아 다스린다는 뜻이고, 주재자란 그런 역할을 주체적으로 하는 존재를 말한다. 천지도 예외가 아니다. 천지자연이 겉보기에는 그냥 스스로 돌아가는 것 같지만 그렇지 않다. 천지 만물이 얼핏 보기에는 무질서하고 저절로 변화하는 것 같지만 거기에도 만물을 주재하는 주재자가 있다.

수운의 「포덕문」에 의하면 우주질서, 자연질서는 우주 주재자 상제가 인간에게 보여주는 무궁무진하고 위대한 조화의 흔적이다. 우주가 처음 생성되었던 아주 먼 옛날부터 사계절은 일정한 질서를 유지하며 바뀌어 왔다. 봄이 가면 여름이 오고, 여름이 가면 곧 가을이 오고, 가을이 깊어지면 이내 겨울이 오는 과정은 옛부터 한번도 어긋남이 없이 일정하게 반복되었다. 뿐만 아니라 더위와 추위도 일정한 질서를 이루며 번갈아 나타났다. 이와 같은 변하지 않는 천지의 질서는 상제의 조화에 의한 것이다.

뿐만이 아니다. 이를테면 사람들은 비와 이슬이라는 것이 왜 내리는지도 모른다. 흔히 사람들은 비와 이슬이 내리는 것이 그

저 저절로 되는 것으로 생각한다. 그러나 사실은 그렇지 않다. 사람들은 비와 이슬이라는 은혜를 이 지상에 내리게 하여, 만물을 소생하게 하고 자라게 하는 존재를 알지 못한다. 수운은 그것이 상제의 조화의 흔적이라고 본다. 수운은 자연세계의 운행 주체로서 상제의 주재성을 말한 것이다. 천지의 운행이 조화롭게 펼쳐지는 것은 의지를 지닌 상제의 주재에 기인한다. 천지자연이 질서를 유지하며 운행하는 것은 바로 상제가 말없이 주재하고 있기 때문이다. 천지의 질서와 생명 유지는 주재자의 주재성에 의한 것이다. 상제가 바로 그 주재자이다.

상제가 주재적 존재라는 것은 상제가 의지를 가지고 만물을 다스리는 존재임을 말한다. 상제는 조화를 통해 천지의 만사만물을 두로 다스리는 주재자이자 통치자이다. 그러나 기성의 동학 연구들에서는 상제의 이런 모습을 찾기 어렵다.

상제가 주재자라는 말에는 상제가 인격적 존재임을 함축하고 있다. 인격적 존재가 아니고서는 주재하는 역할을 할 수 없다. 서구 학자들은 신적 존재의 성격을 유형화하기 위해 흔히 인격성과 비인격성의 개념을 동원한다. 이러한 경향은 동학 신관 연구에서도 응용되어 많은 연구자들은 동학의 신을 이런 존재론적 틀에 끼워 맞추는 경향이 있다.

동학의 신관을 다루는 연구들의 공통분모의 하나는 신의 인격적 모습을 상대적으로 부정하는 경향이다.[16] 그들이 수운의 신을 비인격적인 것으로 간주하는 근거는 수운이 사용한 지기至氣 개념과 무관하지 않다. 수운에게 지기는 궁극적 실재로 인식되고 있다. 「논학문」에 의하면 (지)기는 우주 사이에 가득한 영기로서 만사에 간섭하지 않음이 없고, 모든 일에 명령하지 않음이 없다. 형상이 있는 것 같으나 형용하기 어렵고 소리가 들리는 것 같으나 보기 어려우니 이것은 또한 순수하고 근원적인 기운이다.[17] 지기는 만물을 화생시키는 에너지이며, 천지부모의 생명, 자연의 생명의 원천이다. 이러한 지기는 우주에 가득한 지극한 신령스러운 기운이기도 하다.[18] 그 본성이 성령이다. 그러므로 지기를 통해 드러난 생명체[신명]들은 순수 인격일 수 있다.

상제는 객관적으로 존재하면서 지기를 통해 천지만물을 주재한다. 상제는 지기를 뜻대로 부린다. 그러므로 지기는 상제가 만물에 자신을 드러내는 바탕, 통로라고 할 수 있다. 천지만물의 주재자인 상제의 명에 의해,[19] 지기는 신명을 통해 구체적으로

---

16) 김용휘, 「최제우의 시천주에 나타난 천관」, 218쪽; 최민자, 『동학사상과 신문명』, 58쪽; 정혜정, 「동학과 불교사상」, 104쪽.

17) "至者, 極焉之爲至. 氣者, 虛靈蒼蒼, 無事不涉, 無事不命, 然而如形而難狀, 如聞而難見, 是亦渾元之一氣也."

18) 지기를 우주가 생성 및 운행하고 인간과 만물이 화생되는 원천으로 보면 지기는 성리학의 기론자氣論者들의 견해와 유사하다. 그러나 그것을 영적 존재, 상제의 성령이라는 맥락에서 보면 지기는 기론자들과 큰 차이가 있다. 동학의 강령 주문은 이러한 지기, 곧 상제를 체험하게 하는 주문이다.

19) 그렇다고 지기가 상제에 종속하는 것은 아니다.

만물에 작용한다.

『동경대전』이나 『용담유사』에 나타난 수운의 상제·하늘님·천주의 모습은 분명 인격적 존재이다. 신이 인격적 존재라는 것은 신이 인간처럼 자신의 의지를 드러내면서 어떤 대상과 지속적 상호 작용을 할 수 있는 존재라는 것이다. 그것은 또 신이 인간처럼 즐거워하기도 하고 슬퍼하기도 하고 화를 내기도 할 수 있는 감정을 가진 존재임을 말한다.

경신년의 종교적 신비 체험에서 수운은 상제와 지속적 문답을 통해 천도를 받다. 상제는 자신을 향해 일심으로 성경신을 다하는 수운의 마음에 감응하여 가르침을 내렸고, 자신의 뜻을 수운에게 전하였다. 이를테면 수운은 '하늘님 하신 말씀'이라든가 '이 말씀 들은 후에'라는 표현을 쓰고 있는데, 이는 '말하는 존재'와 '듣는 존재'가 뚜렷이 있는 인격적 만남일 수밖에 없다. 또 「포덕문」에서도 상제의 인격적 모습이 나오는데 신과 인간 사이에 '캐묻고' '대답을 듣는 과정'에 대한 모습이 바로 그것이다. 이로 보면 수운은 신을 형이상학적 원리로 파악하거나 전혀 알 수 없는 초월적 절대자로 파악하는 것이 아니라, 더불어 이야기할 수 있는 인격적 대상으로 파악하였음을 알 수 있다.

천주라는 개념 역시 신의 인격성을 잘 드러낸다. 왜냐하면 '천주'는 천天이라는 존재를 부모와 같이 높이 공경하고 섬긴다는 의미를 함축하는, 신에 대한 존칭이기 때문이다. 천에 주主가 첨

가됨으로써 천주는 구체적이며 인격적인 존재가 되었다. 이 천주는 주자학의 일반적 전통 안에서 이법적으로 비인격화된 '천'과는 다르다. 수운 이전의 조선 사회에는 천 사상이 주자학의 전통 안에서 오랫동안 지속되어 왔다. 당시 천은 하나의 개념 혹은 원리로 인식되었지 동학에서처럼 '주'로 섬겨지지는 않았다. 인격적 존재로 신앙되지는 않았다.

논자는 수운의 인격신 관념 재발견은 주자학의 지배로 인해 묻혀 버린 인격신의 재발견, 넓게는 한국인의 잃어버린 상제문화의 회복이라는 의의를 갖는다고 평가한다. 한국인은 상고시대부터 상제신앙을 핵심으로 하는 신교神敎를 공유했다. 그 중심에 상제가 있었다. 그러나 중앙집권적 권력 체제가 갖춰지고 외부로부터 유·불·선이 들어와 이들이 국가 종교로 되면서 인격신 상제·하늘님·천주에 대한 신앙은 점차 변화되고 잊혀지고 말았다. 그러던 인격신 상제가 수운에 의해 재발견되었고, 상제는 인간의 삶, 역사의 현장에 살아 있는 모습으로 다시 드러나게 된 것이다.

상제가 수운에게 내린 천명은 인격적 존재로서 우주의 주재자인 상제를 모시고[侍天主] 상제를 위하는[爲天主] 가르침은 천하에 펴라는 것이었다. 수운은 이를 위해 동학을 창교하였다.

4. 시천주 사상의 변화

1) 인시천, 사인여천, 양천주

수운 동학의 핵심 메시지는 시천주이다. 그리고 이 시천주는 상제를 모시라는 것이다. 그런데 해월과 의암을 거치며 시천주는 그 의미가 변화되는 모습을 보인다. 그 변화를 추적함으로써 우리는 천주[상제]의 성격이 어떻게 바뀌어 가는지 알 수 있다.

해월 최시형은 동학에 입도한 후 지극 정성으로 수련하던 중 조화에 대한 큰 체험을 하였다. 겨울 어느 날, 그는 찬물로 목욕을 하던 중 홀연히 공중으로부터 '찬물에 갑자기 들어가 앉는 것은 몸에 해롭다'는 말을 듣고 목욕하는 것을 그만둔 일이 있다. 1862년 1월에는 스무 하룻밤이나 등잔불을 켜 두어도 기름 반종지가 줄지 않고 그대로 있어 불이 꺼지지 않는 경험을 하였다. (「수운행록」; 「최선생문집도원기서」; 「해월선생문집」) 이를 계기로 수운은 해월을 각별하게 생각하였고, 포덕도 허락하였다. 그리고 1863년 8월 15일, 수운은 해월에게 도통을 전수하였다.[20]

그러나 해월은 수운 사후 오랫동안 수운의 계승자, 동학의 새 지도자로서의 위상을 갖지 못하였다. 해월 단일 체제가 구축된

---

20) 해월의 정통성, 해월의 위상을 부각시키는 「최선생문집도원기서」와는 달리, 「수운행록」에는 해월이 북도중주인으로 임명되었다거나 도통을 받았다는 기록이 없다. 또한 수운이 해월에게만 특별하게 관심을 가졌다거나 해월에게만 글을 지어 주었다는 기록도 보이지 않는다. 오히려 그런 모임에는 해월은 물론 여러 사람들이 참석한 것으로 나타난다.

것은 1875년에 해월이 수운의 제사권을 장악함으로부터였다. 해월에게 제사 등 의례는 중요한 기능을 하였다. 해월은 의례를 통해 모인 도인들에게 자신의 가르침을 직접 내렸다. 피신하던 중 모여든 도인들에게 이런 저런 가르침을 내릴 뿐이었던 해월은 정기적인 설법을 통해 사상적 발전의 전기를 마련하였다. 해월은 이러한 법설에서 수운의 시천주 개념을 생활 윤리로 재해석하며 인시천, 사인여천, 양천주 등 다양한 새로운 사상을 발전시켰다.

인시천人是天 사인여천事人如天은 "사람이 바로 한울이니 사람 섬기기를 한울같이 하라"(「대인접물」)[21]는 것이다. 이는 사람은 누구나 하늘님을 자기 몸 안에 모시고 있다는 것을 전제로 한다. 사람은 누구나 하늘님을 모시고 있으므로 다른 사람을 하늘님 대하듯이 하라는 것이다. 그런데 「영부주문」에서 해월은 "우리 사람이 태어나는 것은 한울님의 영기靈氣를 모시고 태어난 것이요 우리 사람이 사는 것도 또한 한울님의 영기를 모시고 사는 것이니"[22]라고 하여, 사람이 자기 몸 안에 모신 것이 하늘님의 영기임을 말하고 있다. 즉 인간은 누구나 하늘님의 영기를 모시고

---

21) "人是天이니 事人如天하라." 『천도교 경전』의 「해월신사법설」에는 「대인접물」뿐만 아니라 「천지인 · 귀신 · 음양」, 「천지부모」, 「영부주문」, 「삼경」, 「이천식천」, 「양천주」, 「내수도문」이 실려 있다.

22) "吾人之化生은 侍天靈氣而化生이요 吾人之生活도 亦 侍天靈氣而生活이니"

태어나 살고 있다는 것이다.

해월은 이러한 인식을 바탕으로 일상생활 속에서 타인들을 대할 때 어떻게 해야 하는지를 다양하게 말하였다.

"도가의 부인은 경솔히 아이를 때리지 말라. 아이를 때리는 것은 곧 한울님을 때리는 것이니 한울님이 싫어하고 기운이 상하느니라"(「대인접물」)[23], "도인의 집에 사람이 오거든 사람이 왔다 이르지 말고 한울님이 강림하셨다 말하라"(「대인접물」)[24], "어린 자식 치지 말고 울리지 마옵소서. 어린아이도 하늘님을 모셨으니 아이 치는 게 하늘님을 치는 것이오니…"(「내수도문」)라는 법설은 모두 이런 맥락으로 볼 수 있다. 즉 사람은 누구나 하늘님을 모신 것이나 다름없으니 사람 대하기를 하늘님 대하듯이 하라는 것이다.

해월의 이런 생각은 인간에만 제한된 것이 아니다. "만물이 시천주 아님이 없으니 능히 이 이치를 알면…"(「대인접물」)[25], "어찌 반드시 사람만이 홀로 천주[한울님]를 모셨다 이르리오. 천지만물이 다 천주[한울님]를 모시지 않은 것이 없느니라. 저 새소리도 또한 시천주의 소리니라"(「영부주문」)[26], "내 항상 말할 때에 물

---

23) "道家婦人은 輕勿打兒하라. 打兒는 卽打天矣이니 天厭氣傷이니라."

24) "道家에 人來어든 勿人來言하고 天主降臨言하라."

25) "萬物이 莫非侍天主니 能知此理則 …"

26) "何必斯人也 獨謂侍天主리오. 天地萬物이 皆莫非侍天主也니라. 彼鳥聲 亦是侍天主之聲也니라."

건마다 천[物物天]이요 일마다 천[事事天]이라 하였나니,"(「이천식천」).

여기서 알 수 있듯이 해월은 시천주를 확대하여 인간뿐만 아니라 만물이 하늘님을 모신 존재로 보았다. 만물 안에 하늘, 하늘님의 영기가 내재하므로 해월에게는 결국 만물이 하늘인 것이다. 해월은 대인접물 설법을 할 때 하늘뿐 아니라 인간과 물物을 모두 공경할 것을 말하였다. 이는 곧 사람뿐 아니라 만물도 하늘로부터, 하늘의 조화 기운으로 화생하였고 생성과 더불어 하늘님을 모시고 있는 것과 같으므로, 마땅히 그것을 대할 때도 하늘과 같이 공경하라는 것이다. 이것은 해월을 범천론자로 인식하는 근거가 되기도 한다.

이렇게 보면 해월의 인시천이나 사인여천 사상은 만물이 지기·조화성령을 모신 존재임을 강조하고, 그러므로 지기를 자기 안에 모신 존재로서의 인간이 인간을 포함한 다른 존재들과 관계에서 실천해야 할 자세, 행위 윤리를 단적으로 표현한 것으로 볼 수 있다. 거기에서는 수운이 강조한 천주 체험의 강조를 찾기 어렵다.

해월의 관점에서 보면 만물이 하늘님을 모신 존재임을 깨닫고 그렇게 모실 때 진정한 모심이 이루어진다. 그의 양천주養天主사상은 여기서 발전하였다. "하늘을 양할 줄 아는 자라야 하늘을 모실 줄 아느니라."(「양천주」) 논자는 해월 동학의 핵심은 이 양천주라고 생각한다.

양천주란 천주를 기른다는 뜻이다. 그러므로 '양천주 하라' 는 것은 '천주를 기르라' 는 것이다. 문제는 이 때 기름의 대상인 천주가 무엇이냐 하는 것이다. 수운은 천天에 대하여 구체적으로 말하지 않았다. 그런데 해월은 이것을 '마음' 이라고 하였다. "천을 공경함[敬天]은 결단코 허공을 향하여 상제를 공경한다는 것이 아니요, 내 마음을 공경함이 곧 경천의 도를 바르게 하는 길이니…"(「삼경」), "사람이 바로 한울이요 한울이 바로 사람이니, 사람 밖에 한울이 없고 한울 밖에 사람이 없느니라. 마음이 어느 곳에 있는가 한울에 있고, 한울은 어느 곳에 있는가 마음에 있느니라. 그러므로 마음이 곧 한울이요 한울이 곧 마음이니 마음밖에 한울이 없고 한울 밖에 마음이 없느니라. 한울과 마음은 본래 둘이 아닌 것이니 …"(「천지인·귀신·음양」)[27] 해월에게는 마음이 곧 천이요 인간에게 본래부터 들어와 있는 하늘의 영과 다름 아니다. 그것이 또한 인간의 마음이다. 그러므로 양천주의 신은 수운의 신과 같이 초월하면서 천명을 내리는 신이 아니다. 해월의 양천주의 천주는 사람의 몸속에서 키울 수 있는 존재가 된다.

결국 양천주는 하늘로부터 받은 마음, 즉 천심天心을 잘 기르

27) "人是天 天是人이니 人外無天이요 天外無人이니라. 心在何方가 在於天이요 天在何方가 在於心이니라. 故로 心卽天이요 天卽心이니 心外無天이요 天外無心이니라. 天與心은 本無二物이니 …"

라는 것이다. 모든 사람이 하늘을 모신 존재라는 자각을 바탕으로 자신 속에 모신 하늘님·천심을 양하는 수도에 힘쓰고, 그것을 부모를 모시듯이 봉양할 것을 강조한다. 인간은 누구나 자기 안에 하늘의 마음을 가지고 있다. 이 천심을 배양하고 양하는 데 힘쓰면 누구나 군자가 될 수 있다. 상민·천민일지라도 양천주하면 양반보다 높은 인격의 존엄성을 갖는 군자가 될 수 있다. 이처럼 양천주가 누구나 태어날 때부터 자신의 몸에 모셔져 있는 하늘님, 더 구체적으로는 하늘님의 마음을 부모님처럼 받들어 잘 기르라는 것이 됨으로써 해월에 이르러 천의 내재성은 더욱 분명해졌다.

해월의 법설에서 우리는 수운의 생각과 다른 몇 가지를 발견할 수 있다. 먼저 해월은 시천주의 주체를 만물에까지 확장하고 있음을 알 수 있다. 수운은 인간만을 시천주의 주체로 보았는데, 해월은 이를 확대하여 사람만이 아니라 천지 만물도 천주를 모시고 있다고 보았다. 만물 안에도 천주가 내재하고 있다고 본 것이다.

둘째, 해월은 천주·하늘님을 철저하게 만물이 자기 안에 모신 존재로 인식하고 있다. 해월에 이르러 천주는 인간뿐만 아니라 만물에 모셔져 있다고 간주됨으로써, 천주의 외재성, 천주의 천의 주재자·통치자로서의 모습은 사실상 부정되었다. 이 경우 세계 안에서 인간을 통치하는 지배자·주재자로서 절대적 권위

를 갖는 상제의 모습은 사실상 부정된다. 이렇게 내재성이 강조
될 경우 천주는 또한 인격성조차 부정될 수밖에 없다.[28] 해월의
하늘은 인격성과는 무관하고 내재적인 성격으로 강조된다. 이는
해월이 상제의 손길을 통해 열리는, 만물에 내재하는 지기를 상
제와 동일시한 결과로 보인다.

셋째, 해월의 인시천·사인여천은 모두 궁극적으로 사람과 하
늘 간의 상대적 관계를 바탕으로 인간이 어떤 존재이며 인간을
어떻게 대해야 하는지를 말하고 있다. 수운 동학의 핵심은 천주
에 초점을 두고 천주를 모시라는 것이었다. 해월은 천주가 아니
라 인간에게 초점을 두고 천주를 모신 인간을 어떻게 대해야 하
는지를 말하고 있다. 신이 아니라 인간에 초점을 두고 있다. 인
시천·사인여천은 인간이 일상생활 속에서 행해야 할 실천 윤리
라고 할 수 있다.

넷째, 해월은 하늘님을 다름 아닌 마음으로 간주한다는 점이
다. 이는 수운과 달리 인격성을 띤 하늘님을 부정하는 것이다.
인간에 외재하면서 우주를 통치하는 주재자로서 상제를 부정하
는 것이다.

---

28) 그렇다고 해월이 신의 인격성을 완전 부정하였다고 볼 수는 없다. 그는 "한울
님을 공경하고 효성하면 한울님도 좋아하고 복을 주니, 부디 한울님을 극진히
공경하라"(「내수도문」)고 하였다. 이로 보면 하늘님이 감정을 지녔고 벌과 복
을 주는 존재이다. 하늘님을 이렇게 인격적 존재로 본 흔적은 「천지부모」에도
나타난다.

해월은 수운의 원초적인 신 개념과 핵심 사상인 시천주를 재해석하였다. 해월이 신의 내재성을 강조할 수밖에 없었던 이유는 동학에 대한 관의 추적이라는 시대상황과 무관하지 않다. 스승의 죽음을 뒤로하고 도피 생활을 할 수밖에 없었던 상황, 서학으로 간주되어 끝없이 추적을 받던 상황에서 해월은 천주교에서와 같은 초월적 존재, 인격적 존재로서의 천주를 말하기가 어려웠을 것이다.[29] 그 결과 궁극적으로 천주의 모습이 약화될 수밖에 없었다.

또 다른 배경은 그를 둘러싼 인적 환경이라는 차성환의 견해에 주목할 필요도 있다.[30] 해월은 뛰어난 종교적 재능을 갖춘 인물이다. 그러나 그는 배운 것이 별로 없었다고 한다. 따라서 그의 가르침은 그를 따르던 유교로 사회화된 사람들의 손을 빌어 글로 옮겨지고 사상으로 체계화되기도 하였다. 문제는 해월을 따르던 배운 자들은 이미 유교를 통해 신을 비인격적이고 법칙적이며 세계 내에 존재하는 그 어떤 원리의 형태로 파악해 왔다

---

29) 그는 갑신년(1884)에 천주라는 말로 인해 동학이 서학으로 간주되는 것을 피하기 위해 주문의 '시천주'를 '봉사상제奉事上帝'로 바꾸어 "奉事[天]上帝一片心造化定萬事知"로 개작하기도 하였다.(「시천교역사」, 『동학사상자료집』 參, 574쪽). 「천도교회사초고」(『동학사상자료집』 壹, 430쪽)에서는 '봉사상제'가 아니라 '봉천상제'로 기록되어 있다. 이 주문은 천주교가 공인된 후 원래 13자 주문으로 바뀌었다.

30) 차성환, 「한국 근대화와 동학 지식인의 사고구조」, 182쪽.

는 점이다. 해월 사상에서 유교적 흔적이 나타난 것은 유교적 지식으로 사회화된 사람들이 들어오고 유교 사상을 인증하여 동학 사상의 체계화를 시도한 결과이기도 하다. 해월은 이들에게 동학 지도자로서의 동질성을 확신시켜 주는 한편, 변화된 상황에 대처하기 위해서 독자적으로 수운의 사상을 재해석할 수밖에 없었을 것이다.

2) 인내천

해월 이후 의암 손병희가 단일 지도 체제를 공식적으로 확립하고 교문을 장악하게 된 것은 1900년 7월 20일 풍기에서 있었던 법설을 통해서였다. 이 때 의암은 수운과 해월을 잇는 동학의 정통성이 자신에게 있음을 천명하고 대도주가 되었다. 그리고 손천민과 김연국 등을 차도주로 삼아 조직을 일원화하였다. 그리하여 해월의 사후 동학은 이제 손병희가 장악하게 되었다.

수운을 교敎의 원조로 여기고 해월의 도통을 이은 의암에 이르러 천도교는 인내천人乃天을 핵심 교리로 삼았다. 흔히 사람들은 동학의 종지를 '인내천'이라고 한다. 고등학교 국사 교과서에서조차 그렇게 말한다.[31] 그러나 논자가 보기에 그것은 논쟁의 여지가 많다. 왜냐하면 인내천은 동학의 종지가 아니기 때문이다. 『동경대전』과 『용담유사』에 나타나는 핵심 사상은 시천주이지

---

31) 국사편찬위원회 · 국정도서편찬위원회, 『고등학교 국사』, 228쪽.

인내천이 아니다.[32] 인내천은 수운에 의해서 언급되지 않았다. 인내천은 수운의 시천주나 해월의 양천주와는 또 다른, 천도교의 종지에 지나지 않는다.

의암의 신관을 알기 위해서는 그가 수운의 시천주를 어떻게 이해하고 있는지를 파악할 필요가 있다. 먼저 '시侍'란 무엇인가? 수운에게 '모신다'는 의미는 인격적 신으로서 하늘님·상제를 지극 정성으로 받들고 공경한다는 의미이지만, 의암 시대에는 '시侍'의 의미가 수운과 달랐다. 「무체법경」에 의하면 "시천주의 모실 '시' 자는 한울님을 깨달았다는 뜻이며 천주의 님 '주' 자는 내 마음의 님이라는 뜻"(「무체법경」 신통고)[33]이다. 의암은 사람이 하늘을 모시고 있는 까닭을 이렇게 말하였다. "만물은 다 성품이 있고 마음이 있으니 이 성품과 이 마음은 한울에서 나온 것이라. 그러므로 한울을 모셨다고 말하는 것이니라.'"(「각세진경」)[34] 그는 사람이 하늘을 모시고 있다는 근거를 만물의 성과 마음心이 하늘에서 나왔기 때문이라는 데서 찾고 있다.

이로 보면 의암에게 '모신다'는 것은 하늘님을 '깨닫는다'는 의미 또는 만물이 하늘로부터 부여받은 고유한 특성인 성과 마

---

32) 김경재, 『이름 없는 하느님』, 212쪽.

33) "侍天主之侍字는 卽覺天主之意也요 天主之主字는 我心主之意也니라." 『천도교 경전』의 「의암성사법설」에는 「무체법경」, 「각세진경」, 「대종정의」 등이 실려 있다.

34) "物有是性이요 物有是心이니 是性是心은 出於天이라. 故로 曰侍天也니라."

음을 '갖추고 있다'는 의미이다. 그러므로 '시'는 사람이나 만물은 하늘로부터 본성을 타고났고, 그런 특성을 가지고 있음을 깨달아야 한다는 의미를 함축하고 있다. 만물에는 성性과 심心이 있는데, 이것이 하늘로부터 나온 것이므로 사람이나 만물은 이미 하늘을 모시고 있게 된다.[35]

의암에게 '천주'란 무엇인가? 먼저 의암은 「각세진경」에서 '천주' 대신에 '천'이라는 개념을 사용하고 있음을 지적할 수 있다. "'사람이 한울을 모셨다 하는 것은 어찌된 것입니까?' '만물은 다 성품이 있고 마음이 있으니 이 성품과 이 마음은 한울에서 나온 것이라. 그러므로 한울을 모셨다고 말하는 것이니라.'"(「각세진경」)[36] 이처럼 시천주라고 하지 않고 시천이라고 하면 무언가 종교적 색채가 약화된 것 같다. 우리는 왜 의암이 인격적이고 의지적 신인 '천주' 대신 '천'이라는 개념을 사용하였는지 주목해야 한다. 천주 대신 천이라는 개념을 쓴 것에는 어떤 의도가 있을까? 뒤에서 다시 말하겠지만, 그 가능성의 하나로 논자는 의암이 수운의 '천주'로부터 인격적 의지적 성격을 제거하기 위해 '주'를 버리고 단순하게 '천'이라고 하였다고 본다.

그렇다면 의암에게 '천'이란 무엇인가? "'그러면 높은 것이 한울이 아니요 두터운 것이 땅이 아니란 것입니까?' '높은 것은

---

35) 황선희, 『한국근대사상과 민족운동 I』, 185–186쪽 참조.

36) "人以 侍天者는 何也니이까? 物有是性은 物有是心이니 是性是心은 出於天이라. 故로 曰侍天也니라."

두터운 것에 의지하고 두터운 것은 높은 것에 의지하였으니, 비천한 것은 그 사이에 있어 위로는 높고 밝은 덕을 입었고 아래로는 넓고 두터운 은혜를 본받는다. 그러므로 천·지·인 삼재란 것은 모두 한 기운일 뿐이니라.'"(「각세진경」)[37] 여기서 우리는 의암이 하늘과 땅과 인간은 일기一氣의 조화에 지나지 않는다고 봄을 알 수 있다. 삼재三才가 일기의 조화라는 말은 만물의 본성이 모두 하늘에서 나왔다는 말과 같다. 따라서 의암이 말하는 하늘은 음양의 변화가 유래하는 근원으로서의 일기인 듯하다. 곧 하늘은 만물의 생성을 설명하는 원리 혹은 근원을 뜻한다. 그러므로 하늘은 존경의 대상일 수 없고, 님을 의미하는 존칭인 주主 자도 붙일 필요가 없게 된다.[38] 이것은 하늘님으로부터 그 의지적인 성격을 제거하는 것이다. 그러므로 이런 하늘은 결국 주자朱子가 말한 천, 즉 이법으로서 리, 만물의 근원일 뿐이고 비인격적 리기천理氣天에 지나지 않는다. 종교적 신앙 대상, 우주의 주재자로서 하늘님의 의미가 사라진 것이다. 이는 우주 통치자인 천주를 섬기라는 수운의 생각과 거리가 있다.

인내천人乃天이란 '사람이 곧 하늘'이라는 것이다. 인내천은 비록 천도교의 종지가 되었으나 그것이 사상적으로 체계화된 것

---

37) "然則高而非天이요 厚而非地乎이까? 高依於厚요 厚依於高니 卑在於其間하여 上蒙於高明之德이요 下載於博厚之恩이라. 是故로 天地人三才者는 都是一氣也니라."

38) 최동희, 『동학의 사상과 운동』, 204-205쪽.

은 양한묵과 이돈화를 통해서였다. 의암은 인내천에 대하여 구체적으로 밝히지는 않았다. 그러나 천도교는 1907년 무렵부터 몇 가지 교리서를 통해 인내천을 체계화하였는데, 특히 양한묵은 「대종정의」에서 수운 사상의 요지를 인내천이라고 하고 이를 발전시켰으며, 이돈화는 『신인철학』에서 수운의 인내천주의[수운주의]를 주장하고 이를 철학화하였다.

그런데 인내천을 좀 더 자세히 보면 사람의 마음이 곧 하늘이라는 것이다. "자기 마음을 자기가 깨달으면 몸이 바로 한울이요 마음이 바로 한울이나 …"(「무체법경」 신통고)[39] 이는 자기 마음을 스스로 깨달으면 그 몸이 곧 천이고, 그 마음이 곧 천이라는 것이다. 그러므로 인내천이란 사람의 몸이 곧 천이고 사람의 마음이 곧 천이므로, 사람이 곧 천이라는 것이다. 그리하여 「무체법경」에서는 "내 마음은 곧 천지만물 고금 세계를 스스로 주재하는 한 조화옹이니라. 이러므로 마음 밖에 한울이 없고, 마음 밖에 이치가 없고, 마음 밖에 물건이 없고, 마음 밖에 조화가 없느니라. 성품과 이치를 보고자 할지라도 내 마음에 구할 것이요, 조화를 쓰고자 할지라도 내 마음에 있는 것이요, 천지만물 세계를 운반코자 할지라도 내 마음 한 쪽에 있는 것이니라"(「무체법경」 견성해)[40]고 하였다. 또한 "내 마음을 깨달으면 상제가 곧 내 마음이요, 천지도 내 마음이요, 삼라만상이 다 내 마음의 한 물건이

---

39) "自心自覺이면 身是天 心是天이나 …"

니라. 내 마음을 내가 모셨으니"(「무체법경」 신통고)[41]라고 하였다. 이는 내 마음을 깨닫는다는 조건하에 상제도 곧 내 마음이라는 것이다. 천지도 삼라만상도 다 내 마음에 있다는 것이다.

이런 맥락에서 보면 의암의 천도교에 이르러 상제는 수운에게 나타났던 어떤 의지적인 존재, 인격적인 존재가 아니다. 시천, 즉 하늘을 모신다는 것은 내 마음을 내가 모시는 것에 지나지 않는다. 내 마음 이외에 천이 따로 있는 것이 아니라는 것이다. 그러므로 사람의 마음이 곧 천天이 된다.[42] 이러한 의암 시대의 신 개념의 변화는 천도교가 원초적인 동학의 신 개념을 인정하지 않는 데로 이어졌다. 그리하여 인간의 마음 밖에 존재하는 신적인 대상에 대한 종교의식의 집행을 금지시켰다.[43]

---

40) "我心은 卽天地萬物 古今世界 自裁之一造化翁이니라. 是以로 心外無天이요 心外無理요 心外無物이요 心外無造化니라. 性理를 欲見이라도 求我心이요 造化를 欲用이라도 在我心이요 天地萬物 世界를 欲運搬이라도 在我心一片頭니라."

41) "我心覺之면 上帝卽我心이요 天地我心이니 森羅萬相이 皆我心之一物也니라. 我心을 我侍니"

42) 이돈화는 말년에 천도교가 너무 철학화한 나머지 수운의 본래적인 종교적 신앙적 요소가 약화되지 않을까 심려하였다. 그는 『동학지인생관』 서문에서 자신의 초기 저작물인 『인내천요의』, 『신인철학』, 『수운심법강의』 등이 미성숙기에 쓴 것이므로 수운의 본 뜻을 말년에 쓴 『동학지인생관』에서 풀이한다고 하였다. 그러면서 인내천 신앙에서 가장 중요한 것은 사람 그 자체가 곧 신으로 경신·과신하여서는 안 된다고 하였다.

43) 오지영, 『동학사』, 8쪽 참조. 그렇다고 의암이 천의 인격성을 완전 부정하기만 한 것은 아니다.

의암에게서 이처럼 천주의 인격성이 부정된 배경은 무엇인가? 그 하나는 해월과 마찬가지로 시대상황과 관련시켜 볼 수 있다. 의암은 일본에서 5년간 머물면서 일본에 의지하여 종교의 자유를 확보하려는 모습을 보였다. 그러므로 일본과 긴밀한 관계를 유지할 필요성이 있었다. 그 실마리를 오세창과 같은 친일 망명객들에게서 풀려고 하였다. 그리고 그것은 어느 정도 성공적이었다. 이세권은 동학의 변질은 일제의 강점과 함께 일제의 세뇌로 동학 지도자들이 굴복함으로써 변조되어 나온 것이라고 주장한다.[44] 일제의 힘이 커져 가는 상황에서 살아 있는 천황을 무시하고 동학의 천주를 말하기란 불가능하였을 것이다. 일본과 긴밀한 관계를 유지해야 할 필요성이 있던 의암으로서는 동학의 천주를 비인격적 존재로 말하는 것이 차선의 선택이었는지 모른다.

다른 이유는 의암이 정부로부터 천도교를 공인받기 위해 유교 사상을 도입하여 천도교 사상을 체계화하는 모습을 보여주려는 의도에서 찾을 수 있다. 천도교가 성리학의 가치 체계를 위협하지 않는다는 것[45]을 보여주는 일환으로 천주 대신에 천의 개념을 사용하고 천을 만물의 근원이자 비인격적인 리기천理氣天으로

---

44) 김상일, 『수운과 화이트헤드』, 182쪽.
45) 이길용, 「수양론적 시각에서 바라본 동학의 신 이해」, 249쪽.

추상화시켰을 가능성도 있다.

이러한 논의를 통해 우리는 수운의 시천주나 천주 개념이 해월과 의암을 거치며 재해석되고 있음을 알 수 있다. 해월에 이르러 천주는 인간을 포함한 만물에 내재하는 비인격인 것으로 바뀌고, 의암에 이르러 천주는 철학적 논의의 대상으로 바뀌었다. 해월과 의암을 거치며 우주의 통치자로서 하늘의 주인인 상제는 사라지고, 이법적 하늘만이 남게 되었다. 천주보다 사람을 중시하고 인간 생명을 중시하는 경향이 나타났다. 천주 중심의 가르침이 아니라 인간 중심의 사상으로 변화된 것이다. 그들에게 상제는 없었다.

논자가 보기에 이러한 변화는 수운의 생각과는 다른 것이며, 이것을 무비판적으로 수용한 연구들 역시 문제가 있을 수밖에 없다. 지난 동학 신관 연구들의 공통적인 문제는 바로 원초적 동학 신관인 수운의 생각을 드러내지 못한 채, 즉 수운의 생각에 기초한 시천주 해석, 상제에 바탕한 동학 신관 연구가 아니라, 그를 계승한 해월과 의암에 의해 재해석된 신에 대한 인식을 마치 수운 동학의 신관인 것처럼 논의했다는 것이다. 그들의 논의에서는 상제를 모시라는 메시지가 전달될 수 없었다. 상제가 어떤 존재인지 그 참모습을 파악하기가 불가능하다.

5. 수운의 상제와 참동학

1) 동학과 증산상제

지금까지 우리는 수운의 상제에 대한 인식과 이후의 변화 양상을 살펴보았다. 그렇다면 우리 다시 이 글 처음으로 돌아가 보자. 이제 우리는 이런 의문을 갖지 않을 수 없다. "수운에게 천명을 내린 상제, 수운과 거의 1여 년을 거치며 문답을 주고받던 상제는 어떤 존재일까?"

수운은 하늘을 모시는 가르침이 지극히 밝고 정성스러웠고, 무극대도가 조선 땅에서 나올 것을 선포[46]하였다. 그러나 그는 「교훈가」와 「도덕가」에서 상제를 왜곡시킬 실마리를 제공하였을 뿐만 아니라, 어디에서도 상제의 정체성을 선명하게 밝히지 않았다. 그로 인해 작금의 동학 연구들 역시 상제를 인식하지 못하고 있다. 상제, 동학의 핵심 메시지를 다루지 못하고 대부분 그 외연만 확대하고 있을 뿐이다. 수운의 이상을 실현하는 증산도의 메시지는 상제를 둘러싼 의문을 풀어 준다.

『도전』은 수운이 밝히지 못한 상제를 구체적으로 이렇게 밝히고 있다. "『동경대전』과 『수운가사水雲歌詞』에서 말하는 상제는 곧 나를 이름이니라. 수운가사는 수운이 노래한 것이나, 나의 일을 노래한 것이니라"(『도전』 2:30~31), "동학 신도 간에 '대선생大先

---

46) "하원갑下元甲 지나가거든 상원갑上元甲 좋은 시절에, 만고에 없는 무극대도가 이 세상에 나올 것이니…"(「몽중노소문답가」).

生이 갱생하리라'고 전하나 죽은 자가 다시 살아오지는 못할 것이요 이는 '대선생이 다시 나리라'는 말이니 내가 곧 대선생이로다."(『도전』 3:184:14-15) 이에 근거하면 수운에게 천명과 신교를 내린 존재, 수운이 말한 상제는 다름 아닌 증산상제이다.

증산상제는 조선을 비롯한 동양 각국이 서양 제국주의 열강의 폭압에 침몰해 갈 무렵, 신교 또한 권위를 잃고 그 명맥이 희미해지자 동방의 이 땅에 이름 없는 한 구도자를 불러 세워 신교의 도맥을 계승하고 후천개벽으로 새 세상이 열릴 것을 선언하도록 하였다. 그가 바로 수운 최제우였다.(『도전』 1:8:3-5)

『도전』에 이런 기록이 있다. "최수운이 성경신이 지극하기에 내가 천강서天降書를 내려 대도를 열게 하였더니..."(『도전』 4:9:1) 증산상제는 수운이 성경신이 지극하기에 천강서를 내렸고, 경신년에는 천상문답을 통해 수운에게 주문을 내리고, 후천개벽의 새 세상이 열릴 것을 온 천하 사람들에게 가르치라는 천명을 내렸다. 이에 따라 수운은 상제를 위하는 글을 짓고 사람들에게 상제를 위하도록 가르치기 시작하였다. 상제는 자신이 인간으로 오기 이전에 수운을 미리 보내 인간으로 오는 자신을 세상에 선포하게 한 것이다. 이런 맥락에서 안경전은 수운의 동학은 궁극적으로 상제가 인간으로 오는 과정을 준비하는 과정에 지나지

---

47) 안경전, 「천지조화 태을주로 포교하라」, 62쪽.

않는다고 하였다.[47)]

수운이 천명과 신도를 받들어 동학을 창도한 지 얼마 되지 않아 동학은 경상도 일대에 널리 퍼졌다. 그 급속한 전파에 불안을 느낀 조정에서는 수운을 체포하였다. 1864년 3월, 수운은 동학이 서양의 요사한 가르침을 그대로 옮겨 이름만 바꾼 사술邪術이며 서학과 다른 것이 없다는 죄목을 받게 됨에 따라 대구 장대에서 형장의 이슬로 사라졌다.

조선 정부가 수운을 죽임으로써 상제의 천명은 실현될 수 없게 되었다. 수운은 동학의 이상 세계를 실현할 수 없었다. 이에 상제는 스스로 인간으로 왔다. "수운이 능히 대도의 참빛을 열지 못하므로 그 기운을 거두고 신미년에 직접 강세하였노라."(『도전』 4:9:3) 수운이 능히 유교의 테 밖에 벗어나 진법을 들춰내지 못하고 대도의 참 빛을 열지 못하자, 상제는 신미년(1871)에 이 세상에 내려온 것이다.[48)]

전라도 고부 땅 강씨 가문에 강세한 상제는 '일순一淳'이라는 이름과 '증산甑山'이라는 도호를 썼다. 인간의 몸으로 온 상제는

---

48) "내가 서양 대법국 천개탑에 내려와 이마두를 데리고 삼계를 둘러보며 천하를 대순大巡하다가 이 동토에 그쳐……모악산 금산사 미륵금상에 임하여 30년을 지내면서 최수운에게 천명天命과 신교神敎를 내려 대도를 세우게 하였더니 수운이 능히 유교의 테 밖에 벗어나 진법을 들춰내어 신도와 인문의 푯대를 지으며 대도의 참빛을 열지 못하므로, 드디어 갑자년(1864)에 천명과 신명을 거두고 신미년(1871)에 스스로 이 세상에 내려왔나니"(『도전』 2:30:12-16).

신축년(1901)에 무상無上의 도통을 하고, 이로부터 삼계대권을 주재하고 우주의 조화권능49)을 뜻대로 행하였다. 증산상제는 이를 바탕으로 9년에 걸쳐, 앞으로 열릴 후천의 상생문명을 위한 새로운 역사의 틀을 짰다.

2) 우주 주재자, 상제

참동학은 상제가 우주 주재자임을 더 구체적으로 밝히고 있다. "천상의 호천금궐昊天金闕에서 온 우주를 다스리시는 하느님을 동방의 땅에 살아온 조선의 백성들은 아득한 예로부터 삼신상제三神上帝, 삼신하느님, 상제님이라 불러 왔나니 상제는 온 우주의 주재자요 통치자 하느님이니라."(『도전』 1:1:4~5) 옛날부터 사람들은 상제가 우주를 주재하고 다스리는 존재로 인식하였다.

상제는 천상에만 머무는 존재가 아니다. 상제는 저 멀리 "호천금궐의 조화주이자 백보좌 하느님"(『도전』 3:1:3)이지만, 인간과 동떨어진 호천금궐에만 머물면서 천지 만물을 감시하기만 하는 존재가 아니다. 저 멀리 그저 머물러 있기만 하는 신, 인간과 사회로부터 분리된 신, 세계를 창조해 놓고 아무런 개입도 하지 않는 그런 존재가 아니다. 상제는 천지를 만들어 놓고 세계 밖에 머물

---

49) 상제의 삼계대권의 조화권은 도권道權과 신권神權에서 나온다. 도권은 궁극의 도통인 중통인의中通人義의 경계에서 부리는 조화권이며, 신권은 대우주 신명계의 주재자로서 천지간의 모든 신명들을 부리는 권능이다. 안경전, 『증산도 기본교리 1』, 29쪽.

러 있기만 하는 창조주나 단순한 초월자가 아니다. 세상의 변화를 초월해 있으면서도 지금 이곳 이 세계에서 늘 인간과 만물과 호흡을 함께하며 모든 변화를 주재하는 주재자이다. 따라서 상제는 만물만사에 끊임없이 작용하며 개입한다.

우주의 변화 이법과 인간 세상의 사건들 사이의 관계를 밝히는 증산도 이신사理神事 원리에 의하면, 이 세상의 크고 작은 역사적 사건은 천지의 생성·변화의 원리인 천리를 바탕으로 한다. 모든 일은 이치 없이 이루어지지 않는다. 우주 이법은 그냥 저절로 열리는 것이 아니다. 그것은 우주의 변화 정신을 주재하는 주재자의 주재 하에 작용한다. 동양에서 말하는 하느님, 즉 상제는 우주의 변화가 지속되게 하는 천지의 이법理과 그 전체 변화 과정의 도道를 주재하는 존재이다. 그 주재자가 상제이다.

주자는 "통치자 하느님 제帝는 우주의 창조원리인 리理를 맡아 다스리시는 분이라...이 주재 자리가 세상에서 이르는 옥황상제와 같나니..."[50]라고 하였다. 우주 주재자로서 상제는 만물의 존재 근거인 우주의 이법을 주재한다. 우주 주재자인 상제가 주재하는 이법에 따라 만물은 생성·변화한다. 결국 천지는 주재자인 상제의 의지에 의해 주재되는 것이다.

그렇다면 상제는 어떤 이법으로 만물을 주재하는가? "내가 천지를 주재하여 다스리되 생장염장生長斂藏의 이치를 쓰나니 이것

---

50) 『주자어류』 권79. 『도전』 1:5:4 재인용.

을 일러 무위이화라 하느니라."(『도전』 4:58:4) 증산상제는 그것은 생장염장의 이치라고 하였다. 우주를 통치하는 근본 원리는 나고 자라고 성숙하고 마침내 휴식하는[生長斂藏] 이법이다. 만물은 이 생장염장의 원리를 바탕으로 무궁하게 변화한다. 상제는 하늘과 땅과 인간과 신도의 만물의 변화를 '생장염장' 의 원리로 다스리는 존재이다.[51]

뿐만이 아니다. 상제는 인간 세계를 총체적으로 주재하고 다스린다. 인간의 생사화복 등 인간 사회의 모든 것도 주재한다. 나아가 상제는 신의 세계도 지배하는 최고신, 지고신이다. 상제는 우주의 모든 신명을 주재하고 통치하는 신도의 주재자이다. 그러므로 상제는 삼계대권의 주재자이다. 우주 전체를 주재하는 최고의 권능자, 통치자이다.

6. 맺는 말

중국이나 한국의 고대 사회에는 상제를 받드는 종교문화가 있었다. 상제는 항상 뭇사람들의 삶의 중심에 있었으며, 상제의 가르침은 그들의 과거·현재, 그리고 미래의 행위 지침이었다. 우리의 경우 이 땅에 외부로부터 유교, 불교, 도교 등이 들어옴으로부터 상제문화는 점차 쇠퇴하기 시작했다. 한 때 주문화였던

---

51) 안경전, 『증산도의 진리』 제2강, 139쪽.

상제문화가 점차 하위문화, 주변문화로 전락하였다.

이런 경향은 조선 후기에서도 예외가 아니었다. 주자학 사상이 보편적 지배 이념으로 작동하던 조선 사회에서는 하늘을 비인격화하여 형이상학적 리理로 간주하였다. 따라서 상제를 모시는 행위는 사실상 불가능하였다. 천주교가 전파되자 조선 정부는 폭력적 수단을 동원하여 이를 탄압하였던 역사적 사실에서 이를 잘 알 수 있다.

그런데 조선 사회가 총체적으로 위기에 처한 19세기 중엽, 수운 최제우는 사람들의 뇌리에서 사라진 하늘의 주인 상제로부터 천명을 받았다. 그리고 사람들에게 상제를 모시라고 가르쳤다. 그것이 동학의 시작이었다. 이 동학의 신관은 시간의 흐름에 따라 큰 변화를 거쳤는데, 이를 둘러싼 지금까지 논의를 요약하면 다음과 같다.

첫째, 수운 동학의 핵심은 시천주이다. 수운에게 시천주란 천주를 잘 모시라는 것이었다. 그러나 참동학이 보는 그 궁극적 의미는 온 세상 인류가 인간으로 오는 천주를 잘 모시라는 것이다.

둘째, 상제, 하늘님, 천주는 하나의 궁극적 존재에 대한 서로 다른 호칭일 뿐 그 실재는 하나이다. 그 호칭은 한울님이 아니라, 하늘님·천주의 본래 호칭인 상제여야 한다.

셋째, 수운은 상제로부터 가르침을 내려 받고 동학을 시작하였다. 수운에게 천명을 내린 상제는 인격적 존재로서 우주의 주재자이다. 이런 상제를 부정하고 천주를 내 몸 안에 모셔져 있는 내재적 존재로 간주하는 것은 수운의 생각과 다르다.

넷째, 동학 신관 연구들이 상제를 부정하거나 왜곡하는 근원을 거슬러 올라가면 그 뿌리는 해월과 의암에게서 찾을 수 있다. 비록 그들이 수운의 사상을 발전시킨 것으로도 볼 수 있지만, 그들의 시천주에 대한 재해석, 상제 제거, 천주의 비인격성과 내재성 강조 등은 그보다 수운의 상제를 왜곡하는 것으로 볼 수 있다.

다섯째, 양천주나 인내천에는 천지의 주인인 상제가 사라지고 하늘만 남았다. 해월과 의암에게는 상제에 대한 인식, 초월적 신비 체험이 상대적으로 약하다. 양천주나 인내천 사상은 인간을 중심으로 한 실천 윤리라고 할 수 있다. 해월에 이르러 인간중심주의로 바뀌었다. 여기에서는 상제를 모시라는 메시지가 강할 수 없다. 이는 수운의 천주를 모시라는 신중심주의와 거리가 있다.

여섯째, 수운은 비록 시천주 시대를 선언하고 온 인류에게 후천 개벽 세계를 여는 참동학이 조선 땅에서 나올 것을 선포하였으나 상제의 참모습을 온전히 밝히지는 못하고 죽음을 맞이하였다. 이에 동학의 이상을 실현하는 참동학이 상제의 인간 몸으로 강세와 더불어 시작되었다.

일곱째, 너는 상제를 모르느냐? 수운에게 천명을 내린 상제,

『동경대전』과 『용담유사』에서 수운이 말한 상제는 증산상제이다. 증산상제는 천상 옥경의 백보좌에서 하늘의 정사를 섭리하던 상제로, 동방 조선 땅 강씨 문중에 강세한 인간으로 온 상제이다.

여덟째, 증산상제는 생장염장 이법을 바탕으로 만물의 존재 근거인 우주의 이법뿐만 아니라 우주의 모든 신명과 인간 세계를 총체적으로 주재하고 다스리는 우주 주재자이자 통치자 하나님이다.

참고문헌

경전 및 1차 자료

「수운행록」, 김상기, 『동학과 동학란』, 서울: 한국일보사, 1975.

「해월선생문집」, 설동관 역, 한국사상연구회, 『한국사상』 제24집, 1998.

「동경대전」, 한국학문연구소 편, 『동학사상자료집』 壹, 서울: 아세아문화사, 1978.

「시천교역사」, 한국학문연구소 편, 『동학사상자료집』 參, 서울: 아세아문화사, 1978.

「용담유사」, 한국학문연구소 편, 『동학사상자료집』 壹, 서울: 아세아문화사, 1978.

「천도교회사초고」, 한국학문연구소 편, 『동학사상자료집』 壹, 서울: 아세아문화사, 1978.

「최선생문집도원기서」, 한국학문연구소 편, 『동학사상자료집』 壹, 서울: 아세아문화사, 1978.

증산도 도전편찬위원회 편찬, 『증산도 도전』, 서울: 대원출판사, 2003.

천도교중앙총부, 『천도교 경전』, 서울: 천도교중앙총부 출판부, 1998.

천도교중앙총부, 『천도교서』, 1920.

단행본

국사편찬위원회 · 국정도서편찬위원회, 『고등학교 국사』, 서울: 교육인적자원부, 2002.

김경재, 『이름 없는 하느님』, 서울: 삼인, 2003.

김상기, 『동학과 동학란』, 서울: 한국일보사, 1975.

김상일, 『수운과 화이트헤드』, 서울: 지식산업사, 2001.

김용옥, 『도올심득 동경대전-플레타르키아의 신세계-』, 서울: 통나무, 2004.

김용휘, 『우리 학문으로서의 동학』, 서울: 책세상, 2007.

동학학회 편저, 『동학과 동학경전의 재인식』, 서울: 신서원, 2001.

동학학회 편저, 『동학과 전통사상』, 서울: 모시는 사람들, 2007.

마테오 리치 지음, 송영배 외 옮김, 『천주실의』, 서울: 서울대학교출판부, 1999.

변선환 아키브 · 동서종교신학연구소 편, 『동서 종교의 만남과 그 미래』, 서울: 모시는 사람들, 2007.

신일철, 『동학사상의 이해』, 서울: 사회비평사, 1995.

안경전, 『증산도 기본교리 1』, 서울: 대원출판, 2007.

안경전, 『개벽 실제상황』, 서울: 대원출판, 2005.

안경전, 『증산도의 진리』 제2강, 서울: 대원출판, 2001.

오지영, 『동학사』, 서울: 대광문화사, 1987.

윤석산 주해, 『용담유사』, 서울: 동학사, 1999.

윤석산 주해, 『동경대전』, 서울: 동학사, 2004.

윤석산 역주, 『초기동학의 역사 도원기서』, 서울: 신서원, 2000.

윤석산, 『동학교조 수운 최제우』, 서울: 모시는 사람들, 2004.

이돈화, 『천도교창건사』, 경성: 천도교중앙종리원, 소화 8년.

이돈화, 『신인철학』, 서울: 천도교중앙총부(3판), 1982.

이세권, 『동학경전』, 서울: 글나무, 2002.

이세권, 『동학사상』, 서울: 늘하늘, 2002.

임형진, 『동학의 정치사상』, 서울: 모시는 사람들, 2004.

정혜정, 『동학·천도교의 교육사상과 실천』, 서울: 혜안, 2001.

차성환, 『한국종교사상의 사회학적 이해』, 서울: 문학과지성사, 1992.

최민자, 『동학사상과 신문명』, 서울: 모시는 사람들, 2005.

최동희, 『동학의 사상과 운동』, 서울: 성균관대학교출판부, 1980.

표영삼, 『동학 1 (수운의 삶과 생각)』, 서울: 통나무, 2004.

표영삼, 『동학 2 (해월의 고난 역정)』, 서울: 통나무, 2005.

황선희, 『한국근대사상과 민족운동 Ⅰ』, 서울: 혜안, 1996.

논문

김용휘, 「최제우의 시천주에 나타난 천관」, 한국사상사학회, 『한국사상사학』 제20집, 2003.

노길명, 「동학에서의 신 개념의 체계화 과정」, 인문대 논문집 제 13집(고려대), 1995.

박경환, 「동학의 신관」, 동학학회 편저, 『동학과 동학경전의 재인식』, 서울: 신서원, 2001.

박맹수, 「최시형 연구」, 한국정신문화연구원 박사 학위 논문, 1995.

안경전, 「지금은 인간으로 오시는 천주님을 모시는 때」, 『월간 개벽』, 2008, 4.

안경전, 「진주도수의 큰 열매를 맺는 일꾼이 되자」, 『월간 개벽』, 2008, 1.

이길용, 「수양론적 시각에서 바라본 동학의 신 이해」, 변선환 아키브·동서종교신학연구소 편, 『동서 종교의 만남과 그 미래』, 서울: 모시는 사람들, 2007.

이용창, 「동학천도교단의 민회설립운동과 정치세력화 연구(1896-1906)」, 중앙대학교 대학원 박사 학위 논문, 2004.

이혁배, 「천도교의 신관에 관한 연구」, 서울대학교 종교학연구회, 『종교학연구』 7, 1988.

정혜정, 「동학과 불교사상」, 동학학회 편저, 『동학과 전통사상』, 서울: 모시는 사람들, 2007.

차성환, 「한국 근대화와 동학 지식인의 사고구조」, 차성환, 『한국종교사상의 사회학적 이해』, 서울: 문학과지성사, 1992.

동학의 '시천주' 주문

유 철

1. 문제 제기

"侍天主造化定 永世不忘萬事知"

이는 수운水雲 최제우崔濟愚가 지은 여러 저술을 모은 동학의 경전 『동경대전』「주문」편에 나오는 주문이다. 동학 연구자들 대부분은 수운 사상의 핵심이 '시천주 사상'에 있다는 주장에 동의한다. 특별히 이 주문에 정해진 이름이 있지는 않지만 '시천주 사상'이란 용어에 따라, 그리고 그 주문의 첫 구절을 따서 '시천주 주문侍天主 呪文'이라고 부른다. 수운은 이 주문 속에 우주 삼라만상에 대한 깨달음의 진수가 들어있다고 말한다. 논자는 이 열석자 주문을 통해서 수운이 말하고자 한 동학의 기본사상에 접근하려고 한다.

우리의 근대사에서 최수운의 영향은 일본 제국주의나 서양 외세의 영향보다 더 크다고 말해도 과언이 아니다. 그는 한민족의 시원 역사에서부터 함께 했던 상제 사상을 근세에 이르러 다시 정립하고, 그 상제를 정점으로 하는 종교, 한민족의 시원 종교를 새롭게 한민족의 심성 속에 살아나게 하는 매개자의 역할을 하고 있다.[1] 동학의 창도(1860), 갑오농민혁명(1894), 삼일운동(1919)

---

[1] 한민족의 상제 신앙과 신교 문화에 대해서는 안경전, 『개벽 실제상황』, 3부 새 역사의 문을 참조 바람.

으로 이어지는 근대사의 흐름에서 수운이 차지하는 비중은 지대하다. 이는 단지 19세기 조선의 암울한 현실에서 고통 받는 민중에게 새로운 삶과 희망을 안겨 주는 종교 · 사상을 창시했다는 것에 그치는 것이 아니다. 수운에 대한 진정한 평가는 9천 년 한민족의 뿌리 문화를 근세에 이르러 새롭게 하고, 우리의 역사와 문화 속에 꾸준히 이어온 하느님, 상제 신앙을 되살렸다는 데서 찾을 수 있다.

1860년 4월, 수운은 상제로부터 '만고 없는 무극대도'를 받고 그 진리가 인류 문명의 진정한 개벽 진리임을 선언하는데, 그 새로운 가르침을 이름하여 천도이며 동학이라고 하였다. 동학은 한마디로 상제의 가르침이었다. 수운이 『동경대전』「포덕문」에서 말하듯이 경신년(1860) 득도를 할 때 상제는 수운에게 영부와 주문을 내려 주었다. 여기서 영부는 사람을 살리는 도구이며 주문은 사람을 가르치는 도구이다. 따라서 수운 사상의 출발은 시천주 주문 속에 들어 있다고 해야 할 것이다. 이 논문에서는 시천주 주문과 상제 신앙에 대한 논의를 교조 수운 최제우의 사상에 한정해서 다룰 것이다.[2]

---

2) 수운은 『동경대전』에서 시천주 주문에 대한 해석을 시도하고 있다. 그리고 이러한 해석에 바탕하여 해월 최시형과 의암 손병희도 시천주 주문에 대해 주석을 달고 있다. 그러나 논자는 가능한 한 이 중 전자의 해석에 대해 분석할 것이다. 이것이 동학의 원 가르침을 이해하는 가장 가깝고 정확한 방법이라고 생각하기 때문이다.

다 알다시피 수운의 '시천주' 상제관은 2세 교주 최시형에 이르러 '사인여천事人如天'이나 '양천주養天主' 등의 개념으로 관념화되었다. 그 후 3세 손병희에 와서는 동학이 천도교라는 새로운 종교조직으로 탈바꿈하면서 그 종지도 '인내천人乃天'이라는 전혀 다른 사상으로 변화한다. 즉 우리가 현재 동학의 핵심 사상으로 받아들이고 있는 인내천은 수운의 저술에서는 나타나지 않는 개념이며 오히려 해월 최시형과 의암 손병희를 거치면서 새롭게 나타나는 개념이다.

이런 측면에서 수운의 사상을 '원시 동학'이라고 말하는 학자도 있다. 그리고 그는 "수운의 사상을 이어받아...민중 속으로 확산시키고 발전시킨 해월 최시형에 의해 독자적으로 해석 발전된 동학사상"[3]이라는 표현을 하고 있다. 그는 해월이 수운의 사상을 한편 계승하고 한편 독자적으로 창조하였다고 주장한다.[4] 김진혁은 이보다 한발 더 나아가 천도교는 일제의 신도 사상神道思想에서 나온 용어이며, 수운을 대신사大神師라 부르는 것도 이와 일맥상통한다고 주장한다. 즉 수운은 동학과 시천주만을 말했을 뿐인데, 이것이 일본에 체류하던 의암 손병희에 의해서 천도교와 인내천이라는 친일적 종교와 사상으로 변질되었다는 것이다.[5]

---

3) 박맹수, 「동학과 전통종교와의 교섭」, 111-112쪽.
4) 박맹수, 같은 글, 111-112쪽 참조.

한편 김상일은 『수운과 화이트헤드』에서 종교철학적 지식을 바탕으로 종교의 선진성이나 발전성을 주장한다. 그는 심지어 "종교사적인 신관의 추세가 지금 '인내천'이 '시천주'보다 훨씬 발전된 신관이라는 방향으로 흐르고 있다"[6]는 주장을 한다. 김상일의 이러한 주장들은 신의 초월성과 내재성 사이의 시소게임과도 같다. 또한 그는 종교의 종교성이 상황 논리에 의해서 교정되고 수정되는 것이 당연한 것처럼 말하고 있다. 이는 신관과 종교의 문제를 신앙과 수행의 문제로 다루는 것이 아니라 현실과 편익의 문제로 다루는 것처럼 보인다.

이러한 김상일의 주장은 비록 소극적으로 감추어져있기는 하지만 계속된다. 그는 병자호란 당시 척화파와 주화파의 예를 들면서, 일제하 의암의 모든 종교적 행위(인내천 사상과 한울님 사상 등등)는 동학의 유지를 위한 불가피한 행위였다는 주장을 편다. 뿐만 아니라 이러한 의암의 행위는 우연인지 필연인지 진보된 신관으로 나아갔으며, 이는 일제의 무지가 낳은 다행스러운 일이라고 말한다.[7]

그러나 논자는 수운 본래의 깨달음과 종교적 신앙이 후계자의 한계나 시대적 상황에 의해 인내천으로 변한 것이고, 이러한 변

---

5) 김진혁, 『새로운 문명과 동학사상』, 110쪽 이하 참조. 이세권도 이와 같은 맥락에서 손병희를 비판한다.(김상일, 『수운과 화이트헤드』, 69쪽)

6) 김상일, 같은 책, 59쪽 이하 참조.

7) 김상일, 같은 책, 75쪽 이하 참조.

화의 당위성을 주장한다면, 이제 다시 상황이 바뀌었으므로 수운 본래의 생각으로 돌아가는 것이 옳을 것이라 판단된다. 왜냐하면 '시천주'에 담긴 상제관의 참된 뜻은 수운의 체험과 사상 속에서 찾아질 때만이 제대로 드러날 수 있을 것이기 때문이다.

수운의 깨달음의 핵심은 인격적 하느님, 우리 민족의 시원에서부터 믿어온 상제에 대한 체험적 통찰과 신앙이다. 우리는 동학사상의 출발점인 시천주 주문에서 인격적 하느님인 상제의 존재를 발견하게 된다. 이 점이 이 논문을 구성하는 제일 조건이다. 논자는 다시 수운 본래의 동학으로 돌아가 시천주 주문과 상제신앙의 상관성을 분석할 것이다.

2. 『동경대전』은 왜 쓰여졌는가?

그럼 시천주 주문이 담겨 있는 『동경대전』은 어떤 과정에서 어떻게 쓰여진 글일까? 그리고 그 목적은 무엇일까? 사실 인류 종교사에서 종교의 창시자가 직접 글을 남긴 사례는 극히 드물다. 그럼에도 수운이 동학을 창도하고 그 동학의 가르침을 직접 저술한 것은 무엇 때문일까? 아마도 그것은 그 가르침의 출발점과 근본이 수운 자신의 학문적 성과나 깨달음에서 나온 것이라기보다 상제로부터 직접 가르침을 받았기 때문이고, 수운은 단지 그 가르침을 전하고 있기 때문이 아닌가 생각된다.

논자는 『동경대전』에 수록된 네 편의 글[8]들을 분석하고 그 목적이 어디에 있는가를 찾아보고자 한다.[9] 각각 다른 시기에 글들을 저술하였고, 또 그 시기마다 상황이 각기 달랐기 때문에 각 편의 주제는 다소 차이를 나타낸다. 「포덕문」의 주제와 「논학문」의 주제가 서로 다르고, 「논학문」과 「수덕문」의 주제도 다르다. 그 이유는 「포덕문」이 나온 후 여러 부작용을 막기 위해 「논학문」을 저술하였고, 또 「논학문」에 부족한 것을 「수덕문」에서 강조하려 하였기 때문일 것이다. 그 중에서 「불연기연」 편은 수운이 가장 마지막에 저술한 것으로 매우 중요한 의미가 있다. 논자는 「포덕문」을 통해서 「불연기연」의 내용을 유추하고 다시 「불연기연」을 통해서 그 앞의 저술들이 갖는 의미를 연관해서 살펴볼 것이다.

---

8) 「布德文」, 「論學文」, 「修德文」, 「不然其然」.

9) 『동경대전』은 어떤 과정을 거쳐서 서술된 것인가? 즉 수운은 체계적인 관점에서 하나씩 작품을 만들어갔는가 아니면 자신의 체험과 동학의 내용을 하나의 글로 남기기 위해서 「포덕문」을 짓고, 그 다음의 글들은 그 「포덕문」의 내용을 수정첨가하기 위해서 서술되었는가? 논자는 후자의 가능성이 짙다고 생각된다. 왜냐하면 그 서술 방식과 내용이 너무나 유사하기 때문이다. 만일 체계적 저술이라면 그렇지 않을 것이다.(이강오는 「『동경대전』『용담유사』의 서술원리」, 51쪽에서 후자의 주장을 한다.) 사실 '동경대전'이라는 제목과 그 책의 편제는 수운의 것이 아니라 1880년 최시형이 수운의 저술들을 모아 편집할 당시에 정해진 것이다.

1) 상제라는 호칭의 정당성에 대해

『동경대전』이 쓰여진 의도를 분석하기 이전에 먼저 『동경대전』에 나오는 하느님의 호칭에 대해서 간단히 살펴보고자 한다. 물론 이 때 하느님은 최고의 신을 지칭하는 개념이다. 기독교에서는 하느님과 하나님을 모두 사용한다. 일반적으로 영어에서는 대문자 G를 사용해서 God로 표기하며, 이는 우주의 창조주, 절대자를 뜻한다. 동양에서는 고래로 최고신에 대해 상제上帝라는 호칭을 사용한다. 그렇다면 서양에서 말하는 God와 동양의 상제는 동일한 대상의 다른 호칭이다. 물론 동서東西에 있어서 그 최고신에 대한 관념이 동일한 것은 아니다. 문화와 역사에 따라 이해하는 방식이 달랐지만 이는 인간의 문제일 뿐, 하느님은 오직 우주 절대자이며 최고신의 자격으로 존재할 뿐이다.

동학 연구자 중에는 수운의 천주 즉 상제와 기독교의 천주를 서로 다르다고 주장하는 사람들이 있다. 최동희는 "수운은 천주교에서 말하는 천주를 곧 자신이 체험한 하느님으로 파악하고 있으며 전혀 하느님과 이질적인 존재라고 생각하지 않는다...수운이 말하는 천주는..그 자신이 체험하고 신앙의 대상이 되는 절대자 하느님에 대한 호칭으로 이해하고 있음을 알 수 있다"[10]라고 말한다. 맞는 말이다. 그러나 아쉽게도 그는 같은 페이지에 "수운이 말하는 하느님(ᄒᆞᄂᆞᆯ님)은 우리 민족의 역사 속에서 형성

---

10) 최동희·이경원, 『새로 쓰는 동학』, 141쪽.

된 순수한 한국말이고 이에 대한 천주교에서 말하는 천주는 서양의 그리스도교적인 믿음의 대상을 나타내는 독특한 말이다. 그러므로 천주교는 결코 한국적인 하느님을 믿는 종교가 아니며 그것은 어디까지나 그리스도교적인 믿음의 대상인 데우스Deus를 믿는 종교일 뿐이다"고 말한다.[11]

이러한 주장은 별로 설득력이 없다. 이는 각 민족의 역사 속에서 생겨난 문화와 언어의 차이로 인해 최고신이 각 민족마다 다르다는 주장이다. 이는 마치 동서양이 모두 같은 하늘을 보고 있지만 그 하늘에 대한 명칭이나 관념이 다르므로 동과 서는 각각 다른 하늘을 가지고 있다고 말하는 오류를 범한다. 그러나 이에 대한 수운의 생각은 분명하다.

> 도를 서도라 하고, 학을 천주학이라 하고, 교를 성교라 하니 이것이 천시를 알고 천명을 받은 것이 아니겠는가...운인즉 하나요 도인즉 같으나 이치인즉 아니니라...서양 사람들은 천주를 위하는 단서가 없고...학에는 천주의 가르침이 없으니...도는 허무에 가깝고...(「논학문」. 이후 특별한 경우 외 『동경대전』 원문 생략.)

---

11) 이세권도 이와 같은 주장을 한다. 이세권, 『동학사상』, 101쪽 참조. 논자가 보기에 이는 지칭과 대상의 문제로 해결될 수 있다. 지칭은 다양하지만 대상은 하나이며 변하지 않는다. 아마도 최동희의 주장 중 앞의 주장은 존재의 관점에서, 후자는 명칭의 관점에서 말해진 게 아닌가 생각한다. 최동희의 후자의 주장은 지칭의 문제를 대상의 문제로 넘기는 범주오류에 속한다.

이는 천주교에 대한 수운의 평가이다. 천주교 또한 서도라 불리니 천도라 불리는 동학과 같고, 천주학이라는 이름에서 볼 때 천주 즉 하느님을 믿고, 성교라고 하여 하느님의 성스러운 가르침을 받았으니 동학과 다르다고 할 수 없다는 것이다. 이처럼 수운은 서학도 동학과 마찬가지로 천시를 알고 천명을 받은 것이라고 말한다. 즉 수운이 보기에 천주교와 동학은 같은 도이며 같은 운이지만 다만 이치가 다를 뿐이다. 그 이치의 다름이란 같은 하느님, 즉 상제를 신앙하지만 서도는 '지극한 모심'이 보이지 않는다는 것이다. 따라서 모심의 방식과 그 내용이 다르다는 말이다. 그러나 수운에게 있어 천주학과 동학은 하나의 절대자, 우주의 최고신을 신앙하고 있다.

이 최고신에 대해 수운은 천주, 상제, ㅎㄴ님 등의 호칭을 사용한다.[12] 그럼에도 『동경대전』과 『용담유사』, 그리고 『해월신사법설』과 『의암성사법설』 등의 글들을 싣고 있는 『천도교 경전』[13]에서 이 최고신에 대한 호칭은 '한울님'이다. 즉 한울님은 하느님에 대한 천도교의 공식적인 호칭이다. 그렇다면 이 호칭은 우주의 최고신인 인격적 주재신을 지칭하는 것으로 과연 정당한가?

---

12) 수운이 제일 먼저 저술한 글은 『용담유사』의 「용담가」인데 여기서 수운은 자신이 체험한 신을 'ㅎㄴ님'이라고 부른다. 그 뒤 「포덕문」과 「논학문」에서는 천주와 상제라는 호칭을 혼용한다.

13) 천도교중앙총부, 『천도교 경전』 1998.

한마디로 말해서 한울님이란 명칭은 전혀 수운의 의도가 아니다. 수운이 『동경대전』에서 처음 사용하는 용어는 '천주'이다. 그는 「포덕문」 첫머리에서 "천주조화지적天主造化之迹", 즉 "천주의 조화가 나타난 자취"라는 표현을 사용한다. 그리고 그 다음 '상제'라는 호칭을 사용한다.

> 두려워하지 말고 두려워하지 말라. 세상사람들이 나를 상제라 이르거늘 너는 어찌 **상제**를 알지 못하느냐.(「포덕문」. 강조는 논자에 의함.)[14]

물론 이 때 '상제'는 수운의 생각을 통해서 만들어진 이름이 아니라 긴 수행의 결과 그에게 나타난 하느님이 스스로 가르쳐 준 이름이다. 다시 말해 수운이 그토록 오매불망 기도한 대상은 바로 상제이며, 수운에게 제일 처음 각인된 하느님의 명칭도 바로 상제이다. 이 경신득도 이후에 수운은 상제의 존재를 여러 다른 이름으로 표현한다. 수운의 최초 저술인 『용담유사』「용담가」에서 상제를 'ᄒᆞᄂᆞᆯ님'이라 칭한다. 사실 상제란 호칭은 『동경대전』에 2번, 『용담유사』에 3번 사용되었을 뿐이다. 오히려 『동경대전』에는 주로 천주, 『용담유사』에는 주로 ᄒᆞᄂᆞᆯ님이 사용된다. 왜일까?

---

14) "曰勿懼勿恐. 世人謂我上帝, 汝不知上帝耶."

ᄒᆞᄂᆞᆯ님은 최고신에 대한 당시 민중들의 일상적인 호칭이었다. ᄒᆞᄂᆞᆯ님에 대한 한자 번역이 천주이다. 이는 수운이 '主'를 해석하면서 이는 부모에 대한 존칭이라고 하였듯, 하늘[天]에 대한 존칭으로 천주를 사용하였고 이는 바로 우리말로는 ᄒᆞᄂᆞᆯ님으로 표기된다. 즉 천주와 ᄒᆞᄂᆞᆯ님은 서로 호환 가능하다.[15]

그러나 상제는 이와 다르다. 우리 민족 고유의 신관에서 최고신은 분명 상제이다. 그러나 역사적 흐름에 따라 상제는 점차 그 사용빈도가 낮아지고 조선후기에 와서는 그 명맥조차 잇기가 힘들었다. 그래서 수운은 상제보다는 천주와 ᄒᆞᄂᆞᆯ님으로 표기하였다고 생각된다. 즉 이는 대중들에게 전달하는 과정에서 찾아낸 쉬운 표현으로, 상제를 대신하는 명칭이었다.[16] 그러나 원래 수

---

15) 이찬구 역시 이러한 주장을 한다. 그러나 그는 상제보다는 ᄒᆞᄂᆞᆯ님이라고 호칭하는 것이 천주라는 호칭이 갖는 혼란을 없애고 또 수운 본래의 신을 만나기 위한 것이라고 말한다.(이찬구,『천부경과 동학』, 332쪽 이하 참조.) 수운의 천주와 서학의 천주는 같은 존재이지만 그 명칭의 의미는 서로 다르다. 그 차이는 바로 '주主'라는 개념의 차이에서 발견할 수 있는데 서학에서 천주는 곧 하늘의 '주인'을 말한다. 이 때 주는 '주인 주'다. 그러나 수운에게 있어서 천'주'는 옥경대에 계시는 상제님에 대한 인격적 존칭의 의미를 갖는다.『동경대전』「논학문」에서 수운은 '主'에 대해 '稱其尊而與父母同事者也'라고 말한다.

16) 김용옥의 주장은 이러한 논자의 주장과 일치한다. 그는 "천주라는 말 때문에 서학으로 지목되어 오인되는 억울한 고초를 겪고... 굳이 천주라는 轉寫양식을 고집했던 수운에게서 우리는 時宜적 보편성을 선취하려는 장대한 구상의 면모를 엿볼 수 있다."(김용옥,『도올세설』, 240쪽)라고 말한다. 최동희 역시 이와 같은 생각을 갖는다.(최동희·이경원,『새로 쓰는 동학』, 141쪽.) 그러나 앞에서 말했듯 서학의 천주와 동학의 천주는 같은 존재를 지칭하되 그 의미는 다르다. 전자는 하늘의 주인이란 뜻이고 후자는 하늘님이라는 뜻이다. 즉 전자와

운이 받아들인 존재는 바로 상제이고 명칭 또한 상제로 부름이 마땅하다.

수운이 '천상문답 사건'이라 불리는 신비 체험을 하고 신앙의 대상으로 삼은 상제에 대한 그 후의 명칭에 대해 많은 논의와 논쟁이 벌어졌다. 상제와 천주에 대해서는 이견이 없었지만(이는 수운이 직접 사용하였으므로) 그 명칭이 한글로 표현되는 과정에서 동학측과 천도교측은 상이한 주장을 한다. 당시 한글 가사에 사용된 아래아(ㆍ)는 새로운 표기로 전환되어야 했다. 전자는 수운 본래의 명칭인 ᄒᆞᄂᆞᆯ님, 하늘님, 하날님이 옳다고 하고, 후자는 한울님을 사용하고 있다.

이 두 입장에 대해서 김용옥과 김상일의 주장은 각각의 입장을 대표한다. 김용옥은 『동경대전(1)』에서 다음과 같이 말한다.

> 현금 천도교에서 수운이 말한 하늘님을 '한울님'이라 부르고 있는데, 이는 경전의 근거가 없을뿐더러 수운의 원어와 원의를 저버리는 그릇된 발상의 소치일 뿐이라는 것을 밝혀둔다...그가 (수운) 전달하려고 한 신의 가장 원초적 표기는

후자의 主가 갖는 의미는 서로 상이하다. 수운은 『동경대전』에서 하늘님을 호칭하는 개념으로 '천주'를 사용한다. 그러나 자신의 신비 체험을 기술하면서 자신에게 가르침을 내린 대상을 가리켜 '상제'라고 명명한다. 이마도 그 이유는 천주란 개념이 당시 더 일반적인 개념이었기 때문이 아닌가 생각된다. 논자는 천주와 상제를 동일한 대상의 두 이름으로 판단하지만 주로 상제란 개념을 사용하고자 한다.

최초의 한글 발설인 '하늘님'이다.[17]

반면 김상일은 『수운과 화이트헤드』에서 김철의 한울님 명칭의 정당성 주장에 동조하면서 다음과 같이 말하고 있다.

> 一(하나님), 天(하늘님), 上(상제님) 등의 개념이 모두 종합되어 '한울님' 개념이 나왔다고 본다. 그리고 여기에 행동하는 '하(行)'를 더하여 신 개념은 '하는님'으로 간다고 본다.[18]

논자는 김용옥의 주장에 동의한다. 상제에 대한 한글식 표기가 '한울님'이 되어서는 안된다. 동학의 교조인 수운의 하느님 호칭에 대한 성찰없이 2차적이며 파생적인 개념으로 한울님을 사용하는 것은 바람직하지 않다.[19] 이에 대한 표영삼의 다음 주장은 의미심장하다.

> 1920년 이후 천도교에서는 한울님이라는 호칭을 사용하기 시작하였다. 농촌교인이 대부분이었던 관계로 사투리인 한울님 호칭을 자연스럽게 사용하다가 굳혀진 것이다....이돈화는 "무궁은 '한'을 의미하며 '한'은 크다는 뜻이다.... '울'은 우주 전체를 가르치는 말이며 질적 의미에서 '울'이

---

17) 김용옥, 『동경대전(1)』, 147-149쪽.
18) 김상일, 『수운과 화이트헤드』, 85쪽.
19) 김용휘, 「수운 최제우의 시천주 사상」, 103쪽 참조.

라 함은 우리라는 뜻이니... '한울' 은 곧 큰 나 라는 뜻으로 해석할 수 있다"고 하였다. 한걸음 더 나아가 "신인철학"을 통해서 "한울이라 함은 인격적인 신을 가르키는 말이 아니라 부분에 대한 전체라는 의미이며, 소아에 대한 대아라는 이름이다.... 한울은 범신론적이며 만유신관으로 해석할 수 있고 또한 철학적으로 과학적으로 본다면 소아에 대한 대아라 볼 수 있다."고 하였다. **이돈화는 수운의 신관념과는 전혀 무관하게 범신론으로 해석하였고 나아가 개념의 세계로 규정하는 과오를 범했다.**[20]

김용옥은 야뢰 이돈화의 주장에 대해 "천주는 하늘님일 뿐이며 한울과는 아무런 관련이 없다. '천' 과 '한' 은 아무런 어원적 관련이 없다. 더구나 그것을 '울' 이라는 제약적 개념과 관련시킨다는 것은 근원적으로 어불성설이다. 최수운은 최초의 득도의 경지를 '무극대도' 라고 표현했으며, 그것은 어떤 '울' 이라는 극적인 개념을 거부하는 것이다."[21]라고 비판한다.

본 논문에서는 수운이 오랜 구도 고행을 통해 체험한 존재에 대해 여러 다양한 명칭들을 통칭하여 상제라고 이름한다. 이는 수운이 『동경대전』에서 제일 처음 신비 체험을 할 때 하늘에서 들리는 소리를 듣고, 그 소리를 글로 옮기면서 표기한 "세상 사람들이 나를 상제라 부르나니 네가 어찌 상제를 모르느냐." 라는

---

20) 표영삼, 『동학 I』, 111쪽. 강조는 논자에 의함.
21) 김용옥, 『동경대전(1)』, 155-6쪽.

가장 사실적이면서 분명한 언급에 따른 것이다.

2) 「포덕문」과 「논학문」에 나타난 상제 의식

수운은 「포덕문」을 시작하면서 천지만물의 생성소멸과 운행의 원리를 언급하면서 그 전부를 '천주의 조화가 나타난 발자취'라고 설명한다. 이처럼 수운은 동학의 경전으로 알려진 『동경대전』의 출발을 상제의 존재성을 밝히는 문장으로 시작한다. 「포덕문」은 그 다음 신비 체험에 대한 이야기를 전개한다. 이 신비 체험은 두가지 측면에서 동학사의 전개에 중요한 전기를 마련한다. 하나는 상제가 존재하고 있음을 증명하는 것이며, 다른 하나는 시천주 주문의 근거와 내용을 밝히는 것이다.

일반적으로 동학의 출발을 최수운의 신비 체험, 일명 '천상문답사건'에서 찾는다.[22] 이는 수운이 「포덕문」에서 스스로 그 체험을 구체적으로 기술한 것에 의해서 그러하며, 다양한 연구자들의 공통된 의견이기도 하다.[23] 수운은 이러한 자신의 체험을

---

22) 수운은 이 외 다양한 신비체험을 하게 된다. 1855년 울산에서 수행할 때 일명 '을묘천서사건'이라고 불리는 신비체험을 하였고, 이 체험으로 수운은 하느님께 기도를 통해 구도하게 된다. 윤석산 편주, 『초기동학의 역사, 도원기서』, 71쪽. 그리고 1856년 양산 천성산 내원암에서 49일 기도를 할 때 숙부의 죽음을 예견한 것, 그리고 노파를 살려 낸 일, 소나기가 오는 날 먼 길을 오가도 옷이 젖지 않은 일 등등.

23) 김용휘, 「수운 최제우의 시천주 사상」, 103쪽 및 오문환, 「시천주 주문을 통해서 본 수운의 인간관」, 129쪽 등등.

근본으로 하여 가르침을 폈으며, 그 가르침이 집결되어 나타난 것이 『동경대전』이라는 동학의 경전이다. 그러므로 『동경대전』의 서술은 이와 같은 맥락에서 출발하고 그 의도 또한 이를 바탕으로 파악하는 것은 자연스러운 일이라 생각된다.

먼저 수운은 어떻게 상제와 대화하는 신비 체험을 하게 되는지를 살펴볼 필요가 있을 것이다. 신비 체험에서 중요한 것은 끊임없는 수행의 결과 상제의 도를 받은 것이다. 즉 상제가 직접 수운에게 출현하여 계시를 주고 도를 전수한다는 사실이다. 이로써 수운은 득도를 하게 된다.

> 뜻밖에도 사월에 마음이 선뜩해지며 몸이 떨리어, 무슨 증세인지 종잡을 수가 없으며, 말로써도 표현할 수 없을 때에, 어느 신선의 말씀이 있어 문득 귀에 들려오거늘 놀라 일어나 물어보니 말하기를 "두려워말고 무서워말라. 세상 사람들이 나를 상제라 일컫나니 너는 상제를 알지 못하느냐?"..."나 역시 공이 없는 까닭으로 세상에 너를 내어 이 법으로 사람을 가르치나니 의심하지 말고 의심하지 말라." (「포덕문」)[24]

---

24) "나 역시 공이 없는 까닭으로[勞而無功]"라는 수운의 말에서 우리는 수운이 신앙하는 상제의 존재 의미를 규정할 수 있다. 이는 먼저 조선의 지식인들이 주장하는 天觀에 대한 부정이다. 즉 정주학에서 하늘은 단지 리기理氣적 존재이지 인격적 존재가 아니다. '힘써 노력했으나 공을 이루지 못했다'는 상제의 고백은 결코 기존의 천관에서는 찾을 수 없다. 이는 인격적이며 의지적이며 주재적인 신에 의해서만 말해질 수 있다.(김진혁, 『새로운 문명과 동학사상』, 82쪽 이하 참조.)

이 구절은 수운이 상제를 체험하는 그 순간을 글로써 묘사한 것이다. 수운은 '을묘천서사건'(1855) 이후 하느님께 끊임없이 기도를 하며 수행을 하였고[25] 그 결과 드디어 1860년 4월에 이르러 상제의 가르침을 받게 된다. 위 구절은 수운이 세상에 온 것도, 그리고 상제로부터 '법'을 받는 것도, 그리고 그 법으로 사람을 가르치는 것도 모두 상제의 배려로 인한 것이었다는 체험적 고백이다. 그 다음 구절에서 수운은 자신이 받은 가르침의 요체에 대해서 설명하고 있다.

> 묻기를 "그러면 서도西道로써 사람들을 가르칠까요?" 대답하기를 "그렇지 않다. 나에게 영부가 있으니 그 이름은 선약이고 그 형상은 태극이고 또 그 형상은 궁궁이니 나의 이 부를 받아 사람들을 질병에서 구제하고 **이 주문을 받아 사람들을 가르쳐서 나를 위하게 하면** 너도 역시 장생하여 포덕천하할 것이다."(「포덕문」. 강조는 논자에 의함.)[26]

영부와 주문은 모두 상제의 것으로 수운에게 주어진 것이다.

---

25) 윤석산 역주, 『도원기서』, 25쪽. "해는 바뀌어 병진년(1856) 주하지절이 되어, 양산 통도 천성산에 들어가 3층단을 짓고 49일을 계획하여 축원하는데, 마음속에 항시 생각하는 것은 한울님 강령과 더불어 다만 명교命敎 계시기만 바랄뿐이었다." 이처럼 수운의 기도와 수행의 대상은 상제님이고 상제님의 가르침이었다.

26) "曰: 然則西道以敎人乎? 曰: 不然. 吾有靈符, 其名僊藥, 其形太極, 又形弓弓, 受我此符, 濟人疾病, **受我呪文, 敎人爲我**, 則汝亦長生, 布德天下矣."

영부는 선약이며, 선약이란 인간을 구제하는 약이다. 그리고 특히 상제는 수운에게 주문(시천주 주문)을 내리고 있으며, 수운은 그 주문을 받아 사람들을 가르치라는 명을 받게 된다. 그런데 주문을 내리는 목적에 대해 "교인위아敎人爲我" 즉 "사람들을 가르쳐서 나를 위하게 하라"고 하였다. 이는 매우 중요한 의미가 있다. '교인敎人'과 '위아爲我'에서 '위아'란 '상제를 위하는 것'을 뜻한다. 주문으로 사람들을 가르치는 것[교인]은 '상제를 위함'의 수단이다. 주문의 일차적이고 궁극적인 목적은 '상제를 위하게 하라'는 명령이라고 보아야 한다.

이처럼 『동경대전』의 첫머리가 상제에 대한 체험을 밝히는 것으로 시작하고, 또 동학의 중요한 가르침의 수단인 주문이란 결국 상제를 위하게 하는 목적을 갖는다는 점은 '왜 수운이 『동경대전』을 저술하였는가?'라는 물음에 답하는 실마리가 된다.

수운은 신비 체험을 하면서 상제의 목소리를 듣게 된다. 상제는 수운에게 "너를 세상에 내어 이 법을 가르치게 하니"라고 말한다. 수운은 그 말에 대하여 "그러면 서도로써 사람을 가르치리이까?"라고 묻는다. 이 부분 역시 대단히 중요하다. 왜 수운은 오랜 세월 깨달음의 고행을 하고 난 후에 상제의 선어仙語를 듣게 되는데 이를 '서도西道'라고 반문하는가?

경신 체험 이전 수운은 서양의 천주교에 대한 비판적 입장을 갖고 있었다. 그러다가 상제의 가르침을 받으면서 '서도'가 아닌지 반문한다. 하지만 이는 서도인가 의심하여 묻는 것이 아니라, 서도라면 결코 받지 않는다는 의지가 내포된 것이다. 그 당시 서도인 천주교에 대한 인식과 그 신앙 방식에 대한 수운의 태도를 잘 나타내는 구절이다. 이에 대해서 「포덕문」은 더 이상 언급하고 있지 않다. 그러나 동학과 서학의 차이를 밝히는 이런 내용은 다음에 지어진 「논학문」의 주제가 된다.

「논학문」은 수운이 상제로부터 받은 가르침이 서학이 아니라 동학임을 밝히는 목적을 갖는다. 수운이 경신년 신비체험을 하고 그 다음해(1861) 포교를 시작하자 많은 사람들이 서학으로 오해를 하였다. 그래서 그 오해를 불식시키고 동학이 갖는 교리를 설명하고자 「논학문」(원제는 「동학론」)[27]을 짓게 된다.

「논학문」에서 수운은 다음과 같이 서학에 대한 평가를 내리고 있다.

> 도무지 다른 연고가 아니라 이 사람들은 도를 서도라 하고
> 학을 천주학이라 하고 교를 성교라 하니 이것이 천시를 알
> 고 천명을 받은 것이 아니겠는가?(「논학문」)

서학이란 것도 이처럼 천시를 알고 천명을 받은 것이 아닌가,

---

27) '동학론'이라고 한 것은 그 내용이 동학의 본질을 밝힌 것이기 때문이다. 그러나 그 뒤 「논학문」으로 바뀌었는데 이는 그 내용에서 동학을 긍정하고 서학을 비판하는 논리가 동학 서학 모두를 포함하기 때문일 것이다.

그래서 서도라고 하고 천주학이라고 하고 또 성교라고 부르지 않는가 라고 반문한다. 그러나 이는 그 당시에 서학에 대한 비판적 소문을 듣고 난 후 수운이 서학에 대해 내린 역설적이고 아이러니한 평가이다. 즉 수운이 보기에 그들 또한 천주를 모시는데 어찌하여 "무기로 침공함에 당할 사람이 없고 중국을 소멸하여 조선에 화를 끼치게 된다"는 세간의 "괴상하고 어긋나는 말이 떠들썩"한지 의아해 한다.

그 다음 내용들은 「포덕문」에서 밝힌바 경신년 4월의 신비 체험에 대한 기술이다. 그리고 여기서도 수운은 '상제로부터 주문을 지어 사람을 가르치고 그 법을 바르게 하여 덕을 펴라는 명을 받았다'(「논학문」 참조)는 진술을 한다. 당시 수운은 자신이 상제로부터 받은 가르침에 대해 "천도"라고 명명하면서 이것과 양도洋道(서도, 서학)와의 차이를 설명한다. 특히 서학을 비판하는 구절에서 우리는 수운의 본의를 알 수 있다.

> 서양 사람은…도무지 천주를 위하는 단서가 없고 다만 제 몸만을 위하여 빌 따름이다. 몸에는 기화지신이 없고 학에는 천주의 가르침이 없고… 도는 허무에 가깝고 학은 천주를 위하는 것이 아니다.(「논학문」)

이처럼 수운은 서학에 상제의 가르침이 없고 상제를 위하지 않는다는 것에서 서학은 결코 올바른 이치를 갖지 않았다는 점을 강조한다. 이러한 서학에 대해 "도도 같고 운도 같지만 이치가 다르다"[28]고 말하면서 수운 자신의 가르침을 상제에 대한 올바른 모심으로 '동학'이라고 규정한다. 왜냐하면 "이 땅에서 받아 이 땅에서 폈기 때문"(「논학문」)이다. 이처럼 동학이란 명칭에서 수운은 '동방 조선에서 상제님의 도를 받아 참된 가르침을 폈다는 것'을 분명히 하고 있다.

살펴본바와 같이 수운은 『동경대전』의 첫 두 저술 「포덕문」과 「논학문」에서 상제관의 핵심을 전달하고 있다. 우리는 이를 통해 『동경대전』의 저술목적이 무엇인지를 유추할 수 있다. 특히 『동경대전』이 네 편의 체계적 저술이 아니라 가장 먼저 쓰여진 「포덕문」과 그 「포덕문」을 보완하는 저술들이라고 생각할 때, 『동경대전』의 주요 저술인 「포덕문」, 「논학문」, 「수덕문」, 「불연기연」은 모두 「포덕문」의 주요 목적에서 벗어나지 않는다고 생각된다. 그리고 그 목적은 바로 상제의 존재를 밝히고 그 가르침을 전하는 것임이 시종일관 분명하게 나타난다. 「불연기연」도 이러한 목적에서 벗어나지 않는다.

3) 「불연기연」과 상제존재증명

수운은 『동경대전』의 첫 장인 「포덕문」의 서두에서 "사시가

---

28) 이에 대해 이찬구는 "천운과 천도를 받은 자가 천리를 어기는 것에 대한 극도의 힐난을 느낄 수 있다"고 설명한다.(이찬구, 『천부경과 동학』, 298쪽.)

성하고 쇠함이 변하지 않는 것은 천주의 조화가 천지에 비친 것"
이라고 말한다.[29] 이렇게 「포덕문」을 시작하고 있지만 「포덕문」
에서 중요하고 우선적인 것은 상제를 만나고 가르침을 받은 바
를 알리는 것이었다. 그래서 천지자연과 우주변화의 바탕에 대
해서는 더 이상 길게 논하지 않고 단지 세상 사람들은 이를 알지
못하고 그저 "무위이화"[30]라 한다는 말로 정리한다. 그 대신 상
제 체험을 바탕으로 상제의 존재와 그 가르침의 의미가 주제가
되었다.

　수운은 『동경대전』의 주요 저술 중 제일 마지막에 쓰여진 「불
연기연」에 와서 다시 천지의 근원과 인간의 앎의 문제를 자세히
논하고 있다. 그래서 동학연구자들은 대체로 「불연기연」편을 동
학의 인식론이라고 생각한다. 물론 논자도 이러한 견해에 동의
한다. 수운은 분명히 「불연기연」에서 앎의 문제를 다루고 있다.
그러나 그 목적은 인식론 자체가 아니라 앎의 문제를 다룸으로
써 천지만물의 조물주, 즉 상제가 존재하며, 그 존재에 대한 깨

---

29) 「포덕문」이나 「논학문」 그리고 「수덕문」의 서두에서 수운은 천도의 항상된 법
　칙에 관한 이야기로 시작한다. 물론 이러한 서술방식이 유가식 서술의 전형적
　인 방법이었다고 생각되지만 수운이 굳이 서두를 이렇게 기록한 것은 천도의
　지공무사함이 우연된 바가 아니라 그 바탕에 상제가 존재함을 말하는 것이라
　고 생각된다. 이는 「불연기연」의 내용에서 자세히 설명되고 있다.

30) 저절로 그렇게 됨, 즉 상제와 무관하게 벌어지는 일로 생각한다는 뜻이다. 이
　때 무위이화는 상제의 행함과 가르침의 방식으로서 무위이화와는 다른 의미로
　사용되었다.

달음이 곧 앎의 궁극적 경지임을 논증하고 있다.

수운은 경신년 신비 체험으로 상제의 가르침을 받고 상제의 존재를 분명히 인식하고 믿게 된다. 즉 상제에 대한 절대적 신앙이 생겨난다. 그리고 그러한 가르침에 따라 시천주 주문을 지어 사람들을 가르쳐 상제를 위하게 하는 종교적인 활동에 주력한다. 오랜 시간 수행과 기도를 통해 받은 대도大道와 상제신앙은 수운에게 있어서 전파해야할 최고 최상의 진리였다. 하지만 다른 한편 수운은 상제의 존재를 체험이 아닌 논리적으로 설명하고 증명해야하는 사명과 책임을 느꼈을 것이다. 그 결과 「불연기연」편이 지어졌다. 우리는 왜 그 저술이 수운의 주요저작들 중에서 제일 나중에 쓰여졌는지를 이러한 맥락에서 이해할 수 있다. 체험적 사실을 바탕으로 신앙을 전하는 것은 당시의 지식인들에게는 한계가 있을 수 있다. 그리고 특히 유가적 학문의 논리로 상제의 존재를 증명함으로써 서학으로 오해받는 문제를 해결하려는 의도도 있었을 것이다.[31]

「불연기연」은 다음 문장으로 시작한다.

　　노래하기를 천고의 만물이여 각각 이룸이 있고 각각 형상이

---

31) 특히 「수덕문」은 많은 부분을 선조들의 학덕에 대해 할애하고 있다. 그리고 수운 자신은 그 학덕의 선상에서 유학의 깊지 못함을 한탄하면서 스스로 궁빈한 처지를 기술하고 있다. 이처럼 유가의 학문적 전통에 서 있는 선친들의 업적을 강조하고 자신 또한 그와 같은 선상에 있음을 고백하는 것은 자신의 동학이 서학에 바탕을 두고 있지 않다는 것을 분명히 밝히고자 함이다.

있도다. 보는 바로 말하면 그렇고[其然] 그런 듯하나 그로부터 유래한 바를 헤아리면 멀고도 심히 멀도다. 이 또한 아득한 일이요 헤아리기 어려운 말이로다.(「불연기연」)[32]

천지자연의 변화는 상식의 차원에서 보면 그저 그런 것이 당연한 듯 하지만 그 근원을 헤아려 살피면 이해하기가 매우 어렵다는 말이다. 수운은 이렇게 서두를 시작하면서 '기연其然'과 '불연不然', 즉 '상식의 차원에서 당연히 그러함'과 '이성적 차원에서 그렇지 않음'의 문제를 설명해 나간다.[33]

나의 근원은 무엇인가, 그리고 태고의 천황씨는 어디서 나왔는가. 이러한 문제는 주어진 현실에서 보면 당연한 기연이나 그 근원을 묻고 들어가면 불연이고 불연이다. 수운은 모든 존재의 근원에 대해서 "알지 못하고 알지 못할 일이로다. 나면서부터 알아서 그러함인가, 자연히 화해서 그러함인가"(「불연기연」)라는 말로 문제를 던지고 있다.

수운은 계속해서 지[앎]와 무지의 문제가 갖는 아이러니에 대해 기연과 불연의 논리를 반복하고 있다. 이렇게 앎과 무지의 문

---

32) "歌曰: 而千古之萬物兮, 各有成各有形. 所見以論之, 則其然而似然; 所自以度之, 則其遠而甚遠. 是亦杳然之事, 難測之言."

33) 예를 들어 물이 스스로 알고 변하는 것인가? 밭가는 소가 사람의 말을 알아듣는 것이 마음이 있어서인가? 까마귀가 새끼를 도로 먹이는 것이 효도와 공경을 알고 하는 것인가? 제비는 주인이 가난해도 돌아오는 것이 주인을 알아서 그러한가? 등등

제를 다양하게 서술하는 것은 그 앎과 무지의 근원을 추리하기 위한 절차이다. 이런 면에서 「불연기연」은 앎의 문제, 즉 인식론을 위한 저술로 생각된다. 그러나 그가 추구하는 진정한 앎은 현상에서 드러나는 것이 아닌 그 현상을 가능하게 하는 것에 대한 앎이었다. 그리고 그 앎이 지향하는 바는 인식론의 정립이 아니라 다른 곳에 있었다. 다음의 구절은 매우 의미심장하다.

> 무릇 이와 같으므로, 불연은 알지 못하므로 불연을 말하지
> 못하고, 기연은 알 수 있으므로 이에 기연을 **믿는 것**이라.
> (「불연기연」. 강조는 논자에 의함.)[34]

논자가 보기에 이 부분은 「불연기연」 편의 핵심이다. 수운은 이 몇 마디 말로 앎과 그 앎의 중요성에 대해 강조하고 있다. 수운의 논리는 간단하다. '우리는 알지 못하면 말할 수 없고, 알 수 있으면 믿을 수 있다'는 것이다. 여기서 수운은 '믿음'에 대해 '信'이 아니라 '恃'를 쓰고 있다. 그리고 수운이 말하는바 진정한 믿음(恃)은 곧 천주, 상제에 대한 믿음(恃天主)이다.[35] 즉 인간에 있어서 불연이 기연이 되고 그 기연이 다시 믿음이 되는 바의

---

34) "夫如是, 則不知不然, 故不曰不然, 乃知其然, 故乃**恃**其然者也."

35) 논자는 여기서 恃와 侍에 주목하고자 한다. 그리고 그 두 글자의 동연성을 강조하고자 한다. 믿음과 모심은 결국 수운에 의해서 하나의 범주로 통일된다. 이에 대해서는 시천주 주문을 해석하는 다음 장에서 자세히 논할 것이다.

목적은 바로 상제의 존재를 밝히는 과정에서 드러난다. 이는 무지가 앎이 되고, 앎이 믿음이 되는 과정에 대한 형이상학적 추론이다.

수운은 「논학문」에서 왜 사람들이 천주님을 공경치 않는가라는 물음에 대해서

> 목숨이 하늘에 있고 하늘이 만민을 내었다는 것은 옛 성인의 하신 말씀으로서 지금까지 미루어오는 것이나 그런 것 같기도 하고 그렇지 않은 것 같기도 하여 **자세한 것을 알지 못하기 때문**이니라.(「논학문」 강조는 논자에 의함.)

고 대답한바 있다. 풀이하면 천주 즉 상제의 존재를 믿지 못하는 것은 하늘의 이치를 알지 못하기 때문이라는 것이다. 인식과 신앙의 상호연관성을 강조한 것이다. 그렇다면 불연이 우리에게 기연이 되고, 그 기연이 우리에게 믿음이 되는 바는 어떻게 가능한가? 수운의 결론은 다음과 같다.

> 그러므로 반드시 어려운 것은 불연이요, 판단하기 쉬운 것은 기연이라. 먼데를 케어 견주어 생각하면 그렇지 않고 그렇지 않고[不然] 그렇지 않은 일이요, 조물자에 부쳐보면 그렇고[其然] 그렇고 그러한 이치이니라.(「불연기연」)[36]

여기서 불연과 기연의 변증법, 그리고 앎과 믿음의 변증법이

발생한다. 불연과 기연은 그 자체 불연이며 기연이 아니다. 조물자의 경지에서는 모든 것이 기연이며 인간의 경지에서는 그 모든 불연이 오직 불연일 뿐이다. 그 인간의 불연이 다시 기연이 되고, 그 기연이 다시 믿음이 되는 것에 수운의 신[조물자, 상제] 존재증명의 묘미가 있다.

수운에 의하면 기연은 존재하는 바이며, 아는 바이며, 믿는 바이다. 그러나 불연은 모르는 바이며 말할 수 없는 바이다. 그러나 그렇다고 불연이 존재하지 않는 것은 아니다. 그 불연의 영역은 감각의 눈을 넘어선 제 3의 눈에 의해서 보여지며 알려지며 믿어진다. 수운은 그 방법으로 시천주를 통한 만사지를 제시하고 있는 것이다. 즉 불연은 곧 상제의 존재로 인해 기연이며, 그 상제의 존재는 시천주 주문을 통해서 접근하게 되는 기연의 영역이며, 따라서 신앙의 영역이다. 이처럼 수운은 「불연기연」편을 통해서 천지만물의 기연과 불연의 논리를 통해 상제의 존재를 증명하고 그 존재에 대한 신앙의 당위성을 논증하고 있다.

---

36) "是故難必者, 不然; 易斷者, 其然. 比之於究其遠, 則不然不然, 又不然之事. 付之於造物者, 則其然其然, 又其然之理哉."
"이것은 결국 인간의 인식능력의 한계를 논리적으로 입증하면서 조물주로 지칭된 신의 존재를 인정해야 함을 주장하는 것이다."(이강오, 「동경대전」『용담유사』의 서술원리, 23쪽.) "「불연기연」에서는 하늘님의 존재는 논리적 진술을 통하여 입증되어야 할 정도로 숨어있다."(앞의 책, 24쪽). 그러나 논자의 생각은 이와 다르다. 「불연기연」에 상제에 대한 논의가 숨어있는 것이 아니라 당시의 지식인들에게 상제의 존재를 증명하기 위해서 수운은 일부러 이러한 방법을 선택한 것이다.

3. 시천주 주문에 담긴 상제신앙

1) 시천주 주문의 의의

수운은 『동경대전』 「주문」편에서 주문의 전체를 다음과 같이 기록하고 있다.

先生呪文

降靈呪文

至氣今至四月來

本呪文

侍天主令我長生無窮無窮萬事知

弟子呪文

初學呪文

爲天主顧我情永世不忘萬事宜

降靈呪文

至氣今至願爲大降

本呪文

侍天主造化定永世不忘萬事知

일반적으로 '시천주 주문'이라고 할 때는 이 중에서 제자주문의 강령주문과 본주문을 합하여 말한다. 그리고 이 중에서도 본주문을 시천주 주문의 핵심이라고 할 수 있다. 그 이유는 시천주 주문의 중요성에 대해서 수운이 "열석자 지극하면 만권시서 무엇하며…"(「교훈가」)[37]라고 말하고 있기 때문이다. 이는 '열석자

---

37) 시천주 주문은 '지기금지 원위대강, 시천주 조화정 열세불망 만사지'의 21자로 구성되어 있다. 이중 앞의 8자 주문이 강령주문이고 뒤의 13자 주문이 본주문이다.

주문' 즉 '시천주 주문'에 담긴 이치를 깨달으면 만권의 서책을 읽는 것보다도 더 큰 깨달음을 얻는다는 것을 뜻한다. 따라서 동학사상의 기본구조나 바탕을 이해하는데 있어서 최대의 관건은 역시 본주문 13자이다.[38]

이 주문은 동학의 가르침을 압축적으로 표현한 제일명제이며, 그 핵심은 천주를 지극히 모시는 것, 즉 '시(侍)'에 있다. 수운은 시천주 주문을 통해 지금까지 세상 사람들이 잊어버리고 살아온 상제라는 존재를 깨닫게 하고, 나아가 상제에 대한 신앙을 회복하게 하려는 것이다.

「포덕문」에서 수운은 주문의 목적에 대해서 다음과 같이 적고 있다. 이는 수운에게 나타난 상제가 수운에게 알려준 내용이며 명령이다.

> 나의 주문을 받아 사람을 가르쳐서 나를 위하게 하면 너도
> 또한 장생하여 덕을 천하에 펴리라.(「포덕문」)

「논학문」에서 수운은 주문의 뜻이 무엇이냐고 묻는 질문에

> 지극히 천주를 위하는 글인 고로 비는 글이라고 말하는 것
> 이니 지금 글에도 있고 옛글에도 있다.(「논학문」)

---

38) 물론 선생주문도 강령주문과 본주문을 합하여 21자이다. 그러나 제자주문의 본주문이 핵심임은 수운이 「논학문」에서 그에 대한 해석을 하고 있는 것으로 보아 유추할 수 있다.

라고 대답한다. 이 두 문장의 공통점은 바로 '천주를 위한다[爲天主]'는 것이다. 즉 주문은 우주의 절대신인 하느님, 상제를 위하는 글이라는 말이다. 이처럼 수운에게 시천주 주문과 상제는 뗄래야 뗄 수 없는 관계에 있다.

그러면 시천주 주문은 언제 세상에 나오게 되었을까? 일단 이 주문에 대해 「포덕문」에서 말하고 있고 또 그 해석이 「논학문」에 실려 있으므로 적어도 1862년 신유년 이전일 것이다. 『도원기서』에는 "주문을 두 건 지으니 한 건은 선생이 읽는 것이요...또 강령주문을 짓고 나아가 검결을 짓고..."라고 되어 있다. 「검결」을 짓기 전이라는 말이다. 사실 「포덕문」에 따르면 시천주 주문이 수운에게 전해진 것은 1860년 4월이었다. 이는 윤석산이 말하듯 "주문이란 다름 아니라 한울님을 지극히 위하는 글이다. 기록에 의하면 이 주문을 수운 선생이 직접 지은 것과 같이 되어 있으나 『동경대전』의 기록에 의하면 이 주문은 수운 선생이 무극대도를 받는 그 종교체험의 순간에 한울님으로부터 직접 받은 것으로 되어 있음을 볼 수 있다."[39]

논자가 보기에도 수운이 신비체험 당시에 영부를 받고 바로 그림을 그려 물에 타서 먹었다고 한 것에서, 주문도 그 당시에 수운에게 바로 주어진 것이라고 판단된다. 그러나 "내 또한 거의 한 해를 닦고 헤아려 본즉, 또한 자연한 이치가 없지 아니하므로

---

39) 윤석산 주해, 『동경대전』, 313쪽.

한편으로 주문을 짓고…"(「논학문」)라는 구절에서 볼 때 상제로부터 받은 주문을 명문화한 것은 신비체험 뒤 몇 개월의 시간이 흐른 뒤였을 것이다.

수운은 시천주 주문 21자에 대해서 해석을 하고 있으며, 특히 논자가 지금 다루려는 본주문 13자에 대해서도 한자 한자 해석을 하고 있다. 다만 '天'에 대해서만 예외로 한다. '시천주 조화정 영세불망 만사지' 열석자 주문은 문맥상 '시천주侍天主'와 '조화정造化定'과 '만사지萬事知' 세부분으로 나누어 살펴볼 수 있다. 이제 그 각각의 부분을 설명하면서 시천주 주문의 의의를 세부적으로 분석하고자 한다.

2) '시천주'와 상제

'시천주'는 두 부분으로 나누어 살펴보아야 한다. 첫째는 '천주'의 정체해명이고, 둘째는 '시'의 의미 분석이다. 즉 '천주를 모신다.' 혹은 '천주를 모셔라'라는 뜻에서 천주는 과연 누구이고, 모신다는 것은 어떤 의미인가를 살펴보아야 할 것이다. 그러나 아쉽게도 수운은 '시'에 대해서는 설명을 하고 있지만 천주에 대해서는 설명을 하고 있지 않다. 이에 대한 다양한 견해가 있지만 논자가 보기에 그 이유는 분명하다. 자신이 직접 체험한 상제의 존재만큼 확실한 것은 없기 때문이다. 즉 수운이 분명히 말한바 천주는 말 그대로 'ᄒᆞ놀님'이며, 우리 시원역사에서부터 내려오는 신앙의 대상인 '상제님'이다. 그래서 수운은 '천(주)'에 대해서는 설명의 필요를 느끼지 않았고 다만 '시'에 대한 해석을 하고 있으며, 그 속에 천주에 대한 설명을 포함하고 있다.[40)]

경신년 신비체험으로 수운은 주문과 영부를 받는다. 그 주문이 바로 시천주 주문이다. 그러나 이 주문은 단순히 주술적 효력만을 위한 주문이 아니다. 상제는 주문을 내리면서 "나의 주문을 받아 사람들을 가르쳐서 나를 위하게 하면..."이라고 하였다. 주문의 성격과 목적을 분명히 한 것이다. 사람을 가르친다는 것과 나를 위한다는 두 가지 목적이 있다. 그러나 이 둘은 서로 떨어

---

40) "수운의 천주에 대한 다양한 해석이 존재한다. 그 원인은 연구자 자신의 이해 방식에도 문제가 있지만 실은 수운 자신이 천주라는 개념에 대해서 명확한 규정성을 주고 있지 않았다는 점을 간과해서는 안된다"(배영순, 「동학사상의 기본구조」, 64쪽.)는 주장이 있다. 과연 그런가? 수운은 천주에 대해 혼란스러운 견해를 갖고 있는가? 그렇지 않다. 『동경대전』에서 수운의 상제관은 분명하다. 단지 천주와 지기의 관계가 난해하다는 입장에서 이러한 비판들이 생겨나는 듯하다. 배영순은 이 논문에서 극단적인 주장을 하는데, 즉 수운이 체험한 상제는 결코 실재가 아니라 허령단계에서 나오는 착각이라는 것이다.(위의 책, 68쪽.) 그는 불교적 관점에서 이러한 주장을 하고 있다. 그러나 불교적 수행의 단계란 것 또한 객관적 이론으로 논증된 바가 없으므로 이런 주장은 설득력이 없다. 또한 그는 '상제에게 도를 받는다'는 구절에서 도는 자재自在하는 것이고 자득自得하는 것이라는 일반론으로 수운의 체험을 허령의 단계로 평가절하한다. 유감스럽게도 그는 더 나아가 '수운이 좀 더 고차원의 깨달음을 얻었다면 오심즉여심이라는 경지에 들었을 것이고, 그렇다면 상제나 귀신에 대한 미련을 정리할 수 있었다'(같은 책, 71쪽 참조.)라고 말한다. 그는 자신의 잘못된 논리에 수운의 사상을 짜 맞추고 있을 뿐이다.

진 것이 아니다. 수운의 표현은 '사람을 가르쳐서 나를 위하게 하라.'는 연접으로 된 하나의 문장이다. 곧 주문으로 사람을 가르침이 상제를 위하게 하는 것임을 뜻한다. 당연히 그 목적은 상제에 있다. 이는 주문에서 '시천주'의 의미를 해석하는 중요한 단서가 된다.

'주문으로 사람을 가르치라'는 것은 '주문을 주송함으로 주술적 효과를 얻는 것'과는 다르다. 이는 분명 그 주문의 내용을 풀어서 전하여 사람들로 하여금 그 뜻을 깨닫게 하라는 지시로 이해된다. 수운의 주문해설은 이렇게 시작되었다. 그리고 주문의 내용은 천주를 '모신다'라는 첫마디로 시작된다. 그렇다면 이 '시천주'는 곧 상제를 위하는 문장이다. '상제를 위한다는 것'이 내포한 의미는 무엇일까? 이것이 시천주 주문 이해의 핵심이 될 것이다. 수운은 「논학문」에서 '시천주'를 다음과 같이 해석한다.

侍天主 : 侍 － 內有神靈, 外有氣化. 一世之人, 各知不移者也.
　　　　主 － 稱其尊, 而與父母同事者也.(「논학문」)[41]

---

41) 사실 시천주 해석에서 중요한 것은 '시'에 대한 해석이다. '주主'는 상제의 호칭에 대한 존칭의 의미를 갖는다. 물론 단지 존칭의 의미를 넘어서 수운이 상제를 어떤 존재로 체험하고 신앙하는가에 대한 의미도 내포되어 있다. 즉 우주의 절대자로서 상제를 '상제님'으로 존칭하면서 한편 그 상제가 '초월적 인격자'라는 것을 강조함이다. 이에 대한 논의는 별도의 논문이 요구된다. 여기서는 각주에서 이정도로 '주'에 대한 설명을 약한다.

이를 해석하면 "'시', 즉 '모심'이라는 것은 '내적으로는 신령스러움이 있고 밖으로는 지기의 조화가 있으니 이 세상 사람들은 모두 각자 알아서 옮기지 않는 것'이다"가 된다.

먼저 이 중에서 첫단락부터 분석을 해보자. '내유신령 외유기화'는 무슨 뜻인가? 사실 이 구절에 대한 여러 다양한 연구자들의 분석과 해석이 존재한다. 그러나 대부분 대동소이하다. 특히 중요한 특징은 이 구절을 지기와 연관해서 너무 철학적으로 분석하려는 시도들이 많다는 점이다. 논자가 보기에 중요한 것은 이 구절에서 수운의 의도가 '시천주', 즉 '천주를 모시는 것'에 대한 풀이에 있음을 상기하는 것이다.

문장 그대로 이를 풀이하면 '내적으로는 신령스러움이 있고 밖으로는 지기의 조화가 있다'로 해석된다. 여기서 신령스러움과 기운의 조화는 분명히 내가 아니라 상제에게서 오는 것이다. 그러므로 이 구문은 일단 첫째로 "'모심'의 행위를 통해서 나에게 신령스러움과 지기의 조화가 느껴진다."는 뜻으로 이해된다. 이 때 신령과 기화는 '모심'을 통해서 내가 경험하는 두가지 현상을 안과 밖으로 표현한 것이다. 이럴 경우 이 문장은 '나는 시천주를 통해서 천주를 모시는데 그 모심은 안으로는 신령스러운 기운으로, 그리고 밖으로는 (우주만물에 깃든) 지극한 기운의 조화로 느껴진다.'는 뜻이다. 여기서 안과 밖은 내 몸과 마음의 안밖을 뜻하는 것으로 해석해도 큰 무리는 없을 것같다.

둘째로 이 문장을 좀 더 넓게 해석하면, 즉 내 몸과 마음의 범위를 벗어나 해석하면 모심으로 천주의 모습이 두가지 양태, 즉 신령스러움과 지기로 밝혀진다는 것이다. 논자는 이런 측면에서는 신령스러움과 지기라는 두 양태의 속성을 안과 밖이라고 설명한 것이라 이해한다. 물론 첫째와 둘째가 서로 완전히 구분되지는 않는다. 이 양자는 상호 포섭적 이해이다.

그렇다면 '내유신령'을 '내 속에 천주를 모시고 있다'는 뜻으로 이해하는 것은 시천주에 대한 이차적 해석이다. 일차적으로는 수행의 결과 천주의 존재를 알게 되고 그것이 '내유신령 외유기화'로 느껴짐, 혹은 드러남이다. 따라서 '시'는 이를 통해 천주를 느끼고 알게 되며, 따라서 신앙한다는 뜻으로 이해된다. 즉 수행을 통해서(수운 스스로 오랜 기도와 고행으로 상제의 존재를 깨달은 바와 같이) 천주가 내적으로는 신령스러움으로, 외적으로는 지극한 기운으로 존재함이 깨달아진다는 것, 그래서 그 지극한 존재를 믿어 의심치 않는다는 뜻이다.

내유신령과 외유기화는 최고신이 우리에게 현상하는 두 양태이다. 김경재의 말과 같이 "그래서 외유기화는 곧 내유신령과 같고, 내유신령은 곧 외유기화와 같다. 신령과 기화는 안과 밖의 현상적 구분에 의한 것일 뿐 본질은 인격적 절대신의 다른 표현일 뿐이다."[42]

42) 김경재, 「수운의 시천주 체험과 동학의 신관」, 89쪽 참조.

그 다음 구절이 '일세지인 각지불이자야' 이다. 문장을 그대로 번역하면 "세상 사람들은 모두 각자 알아서 옮기지 않는다"는 뜻이다. 여기서 중요한 구절은 '각지불이' 이다. '각자 알아서 옮기지 않는다.' 는 문장은 목적어가 없는 문장으로서 매우 애매하며, 따라서 다양한 해석이 가능하다.

김경재는 이에 대해 다음과 같이 말한다.

> 지기 곧 신령한 궁극실재로서의 하눌님은 인간 생명체로 하여금 살고 기동하게 하며 영물로서 창발시키는 과정에서 '내유신령' 과 '외유기화' 를 통해 사람 몸을 통해 현존하시지만, 그 하눌님은 또한 모든 생명체와 존재자들의 창발적 과정과 조화적 생기현상 과정 속에서도 결코 부재하거나 제외되거나 분리될 수 없는 '존재론적 지반' 으로서의 주 하눌님이라는 의미이다.[43)

아주 추상적이고 형이상학적인 해석이다. 그러나 그는 그 다음 구절에서 "만물 자체가 곧바로 하눌님인 것은 아니다. 그러나 만물의 현존 자체가 하눌님을 떠나서, 하나님으로부터 분리하여 존재하는 것도 아니다...동학의 존재론과 신관은 불이론不二論을 말하는 것이지 이원론, 범신론, 관념론을 말하려는 것은 아니다"[44)고 '불이' 의 의미를 풀어서 설명하고 있다.

---

43) 김경재, 위의 책, 93쪽.
44) 김경재, 위의 책, 93쪽.

이찬구는 시천주 주문해석에서 핵심은 '시'에 대한 설명이라고 하면서 다음과 같이 설명한다.

> 모심의 대상은 ㅎ놀님이고 모시는 자는 사람이다. 그 대상... 즉 ㅎ놀님이 사람에게 모셔진 결과는 내유신령과 외유기화이다....사람은 ㅎ놀님을 떠날 수 없고 ㅎ놀님은 사람을 떠날 수 없다는 의미로 시, 즉 불이不移라 할 수 있다.[45]

'불이'에 대한 이 두 해석은 서로 다른 것 같지만 핵심은 동일하다. 즉 상제는 천지만물과 인간에서 분리될 수 없다, 즉 상제와 인간은 서로 떨어져서 생각할 수 없다는 뜻이다. 논자도 이러한 양자의 해석에 거시적으로 동의한다. 당연히 신과 인간은 분리될 수 없다. 그러나 이는 너무 일반적인 해석이다. 논자는 이 '불이'를 앞의 내용과 연결해서 해석하고자 한다. 그럴 경우 '시'에 대한 해석은 '모심의 결과는 내유신령 외유기화로 드러나고 그에 대해 세상 사람들이 모두 잘 알아서 옮기지 않는다'로 번역된다. 이 때 '불이'는 '상제로부터 떠나지 않는다'로 해석되고, 다시 이는 '상제에 대한 모심을 변치 않는다'로, 다시 더 나아가 '상제에 대한 믿음을 변치 않는다'는 뜻으로 해석된다.

이처럼 '불이'는 '모심'의 또다른 표현이다. 즉 수운의 해석에 의하면 모든 세상사람들은 상제의 신령스러움과 지극한 기운을

---

45) 이찬구,『천부경과 동학』, 293-4쪽.

체험하고 그것으로부터 옮기지 않는 것, 바로 이것이 다른 말로 표현해서 '모심' 이다. 그래서 '시' 에 대한 해석에서 중요한 것은 바로 상제를 향한 인간의 마음을 끝까지 지켜내는 것, 신앙을 변치 않는 것, 즉 '불이' 라고 할 수 있다. 논자는 그래서 '시' 와 '불이' 는 '상제에 대한 신앙' 의 두가지 다른 표현이라고 생각한다.

이렇게 수운의 '시' 에 대한 해석을 살펴보았다. '시' 는 곧 '지극히 상제를 모심' 이며, 모심은 곧 '신령과 기화로 분명하게 느껴지는 상제의 존재를 지극히 신앙하는 것' 으로 해석해야 한다는 것이 논자의 주장이다. 이는 주문을 가르쳐 '나를 위하게 하라' 는 구문을 통해서도 유추할 수 있다. '위함' 은 시천주 주문을 가르쳐 '상제를 알게 하고 신앙하게 하라' 는 말과 다르지 않다.

많은 동학연구자들은 '모심' 에 대해 곧 '내 몸에 상제를 모심' 이라고 해석한다.[46] 그 결과 '시천주' 가 '양천주' 나 '인내천' 이라는 말로 변해간다.[47] 그래서 그들은 '내가 곧 한울이다' 고 말

---

46) 예를 들어 김용휘는 "수운은 하늘님이 저 옥경대에 계시는 초월적 존재가 아니라는 것을 인식하게 된다...(시는) 하늘님을 내 몸 안에 현존하고 있는 '님' 으로 받들어 모시라는 것으로 해석할 수 있다."(김용휘, 「수운 최제우의 시천주사상」, 108-111쪽. 괄호는 논자에 의함.) 특히 천도교의 주요인사인 표영삼의 견해 또한 그러하다.(표영삼, 『수운의 삶과 생각, 동학 I』, 111쪽 이하 참조.)

47) 시천주와 인내천의 차이점은 분명하다. "신앙과 종교의 차이. 즉 전자는 하나님에 대한 체험을 바탕으로 하는 신앙체험의 상태라면, 후자는 그러한 체험을 종교적 관념적으로 각색하여 만들어 낸 사유와 논리의 결과물이다."(김경재, 「수운의 시천주 체험과 동학의 신관」, 82쪽.)

한다. 이런 주장이 가능한 것은 내 몸에 상제를 모셨다는 생각에서이다. 그들은 그 근거를 「논학문」의 "오심즉여심吾心卽汝心[내 마음이 곧 네마음]"(「논학문」)이라는 구절에서 찾는다.[48] 즉 상제가 내 속에 있으니 상제의 마음이 곧 인간의 마음이라는 것이다. 그러나 이는 수운의 상제체험과 시천주에 대한 잘못된 접근의 결과이다. 대부분 그들은 수운의 사상을 최시형이나 손병희, 혹은 이돈화의 재해석된 관점에서 거꾸로 접근하고 있고, 그 결과 시천주에 대한 잘못된 해석을 낳고 있다. 수운의 사상은 수운의 관점에서, 수운의 깨달음의 차원에서 논의되어야 한다. 다음 구절을 수운의 관점에서 이해하면 그 잘못을 확인할 수 있다.

> 몸이 몹시 떨리면서 밖으로 접령하는 기운이 있고 안으로 강화의 가르침이 있으되, 보려고해도 보이지 아니하고 들으려고 해도 들리지 아니하므로 마음이 오히려 이상해져서 수심정기하고 묻기를 "어찌하여 이렇습니까?" 대답하시기를 "내 마음이 곧 네마음이니라[曰吾心卽汝心也]. 사람이 어찌 이를 알리오..."(「논학문」)

수운이 신비체험을 할 당시 접령과 강화의 가르침이 있으나 보이지도 들리지도 않으므로 마음을 가지런히 하여(수심정기) 왜

---

48) 윤석산은 『후천을 열며』에서 그렇게 주장한다. 김용휘도 자신의 논문 「수운 최제우의 시천주 사상」에서 그렇게 주장한다.

이렇게 보이지도 들리지도 않는가 묻고 있다. 그러자 상제는 이에 대해 '오심즉여심'이라고 말한다. 이 말은 곧 보거나 듣거나 하여 가르침을 받는 것이 아니라, 너와 내가 이심전심의 경지로 도를 주고받는다는 뜻이다. 그리고 그 다음 구절에서 상제는 이 신비체험으로 수운이 '무궁한 도에 이르렀다'(「논학문」) 고 말한다. 따라서 '오심즉여심'인즉 이심전심으로 받은 그 가르침을 사람들에게 전하라고 명한다. 설사 '오심즉여심'을 '상제의 마음이 인간의 마음'이라고 풀이한다 하더라도 이는 '내 마음에 있는 도가 네 마음으로 전해졌다'로 해석하는 것이 적절하다.

또한 『용담유사』「교훈가」에 나오는 "내 몸에 모셨으니 사근취원 하단말가"라는 구절과, 같은 책 「도덕가」에 나오는 "옥경대에 계시다고 보는 듯이 말을 하니 허무지설 아닐런가" 등의 구절도 '모심'의 의미를 '내몸에 모심'으로 해석하게 하는 구절들이다.[49] 그러나 문맥을 잘 검토해보면 이러한 이해가 잘못되었음이 밝혀진다.

"옥경대에 계시다고 보는 듯이 말을 하니...허무지설 아닐런가"란 구절은 천주가 옥경대에 있다는 것이 허무지설이 아니라 '경외지심' 없고 아는 것도 없으면서 상제님을 본 듯이 말하는

---

[49] 심지어 이 구절을 이용해서 "수운의 시천주 사상은 인간이 한울님을 모시고 인간 속에 신이 내재한다는 것으로, 한울님과 인간은 동체同體라는 것이다"라고 말하는 학자도 있다.(김상일, 「전·후기 동학가사의 동학사상과 그 변모」, 189쪽.)

것이 잘못되었음을 주장하는 것이다. 이는 그 앞구절 "무지한 세상사람 아는바 천지라도 경외지심 없었으니 아는 것이 무엇이며...."라는 구절에서 확인된다. 문맥상 수운이 말하고자 하는 바는 '무지한 세상사람들이 아는 것도 없으면서 보는 듯이 말을 하는 것 자체가 허무지설이다' 는 것이다. 즉 이는 역설적으로 경외지심으로 상제님을 모실 때만이 상제님의 존재를 인정하고 믿을 수 있다는 것을 강조함이다. 분명히 수운은 "호천금궐 상제님"의 존재를 믿고 있다.(「안심가」 참조)

이는 "내 몸에 모셨으니 사근취원 하단말가"와 연관해서도 그러하다. 수운은 신비체험으로 상제님이 계신다는 것을 확신한다. 그 후 다시 여러 체험속에서 상제를 단순히 옥경대에 계시는 존재, 즉 인간과 분리된 초월적 존재로만 생각하는 것은 옳지 않다고 보고(사근취원의 잘못), 각자의 마음에 모셔야 한다는 것을 역설한다. 즉 천주는 멀리 있지만 멀리 있지 않다는 것이다. 따라서 시천주는 천주를 내 몸속에 모시고 있다는 뜻이 아니라 '하늘나라 상제님을 마음으로 지극히 모시고 신앙하라' 라는 정언명령으로 이해된다.

논자가 보기에 시천주의 핵심사상은 결코 '상제를 내 몸에 모시는 것' 으로 이해되어서는 안된다는 것이다. 상제를 위함, 상제를 모시는 가장 경외적이고 종교적이며 신비적인 방식은 바로 '신앙' 이다. 따라서 '시천주' 는 곧 상제를 신앙함으로 해석해야 하고, 이는 '상제의 존재를 깨달아 상제를 우주의 절대적 존재로 믿어 의심하지 않는다' 는 의미를 갖는다.

3) '조화정' 과 상제

「논학문」의 주문해석에서 '조화정' 에 대한 설명은 다음과 같다.

> 造化定 : 造化 - 無爲而化也
>
> 定 - 合其德, 定其心也.

즉 "조화는 무위이화이고, 정은 그 덕에 합하여 그 마음에 정한다" 는 뜻이다.

수운의 13자 주문은 경신년 상제체험의 결과로 나온 것이며, 그 때 받은 주문의 뜻을 당시 사람들에게 설명하고 있다. 특히 주문은 상제가 인간에게 내린, 그래서 상제와 인간의 관계를 드러낸 글이며, 그러므로 그 설명에는 이러한 내용이 가장 압축적으로 표현되어 있다. 앞에서 보았듯이 '시천주' 는 상제에 대한 인간의 모심의 관계가 들어있다. 그리고 그 모심은 '지극한 신앙' 으로 정의된다. 그 다음의 조화정은 '상제를 모심으로써 조화가 우리에게 정해진다' 는 의미로 이해된다.

이처럼 시천주와 조화정은 서로 분리되어 생각되어서는 안된다. 그 양자는 신과 인간의 상호관계와 상호교섭을 표현하고 있다. 시천주가 '인간의 상제에 대한 신앙'이라면 조화정은 그러한 신앙의 결과 '무위이화의 조화가 인간에게 정해진다'는 뜻이다. 따라서 조화정은 '내가 상제를 모심'의 행위로 그 결과 나에게 드러나는 현상이다. 그래서 우리는 시천주와 조화정의 관계를 상호 연접으로 ('시천주'하고 '조화정'한다) 해석하는 것은 잘못이다. 오히려 이 양자의 관계는 조건명제로 파악하여 '시천주'하면 '조화정'이다.라고 해석하여야 한다. 즉 시천주의 원인으로 조화정의 결과가 생겨난다는 것이다. 수운은 시천주 주문을 통해서 동학의 상제가 결코 초월적 존재로 '옥경대'에 홀로 존재하는 것이 아니며 인간의 지극한 기도에 대응하여 조화를 내리는 인격적 존재, 초월적이면서 인간과 무위이화로 감응, 교섭하는 존재임을 알려주고 있다.[50]

그렇다면 조화를 지칭하는 '무위이화'란 무엇이고, 그리고 '그 덕에 합하고 그 마음에 정한다'고 풀이되는 '정'의 의미는 무엇인가? 일단 수운의 해석에 따르면 무위이화는 조화의 다른 표현이다. 즉 상제의 조화는 무위이화이며, 무위이화는 '하고 하지 않고의 의지적 선택없이 그 자체 스스로 그러함'이다. 시천주를 통해 모심이 지극에 이르면, 내가 받고 받지 않음에 상관없이

---

[50] 논자는 이러한 경지를 일러 수운이 "내몸에 모셨으니 사근취원 하단말가"라고 말하였다고 판단한다.

나도 모르게 내 속에 생겨나는 것이 조화이다. '시천주'로 인해 그 결과가 내게 그 무엇으로 전해진바 그것을 조화란 말로 표현하였으나, 그 조화된 바를 달리 또 언어로, 의지로, 행위로 표현할 수 없는바 수운은 결국 그 조화를 단지 무위이화라고 설명할 뿐이다. 상제에 대한 지극한 신앙은 상제의 조화가 내게 무위이화로 내려지는 경지에까지 이르게 된다는 뜻이다.

이 무위이화는 동학의 핵심개념 중의 하나이다. 수운은 서학과 동학을 비교서술하면서 동학의 가장 본질적인 특징으로 '무위이화'를 들고 있다.

> 나의 도는 무위이화라. 그 마음을 지키고 그 기운을 바르게
> 하고 성품을 거느리고 가르침을 받으면 자연한 가운데 화하
> 여 나오는 것이로되...(「논학문」)

수운이 스스로 '나의 도는 무위이화다'라고 선언하고 있다. 이 구절에서 볼 때 무위이화는 곧 수운이 상제로부터 받은 조화를 가리킨다. 그리고 그 조화는 '상제를 모시고 상제를 위하고 상제의 가르침을 받으면' 자연스럽게 생겨나는 것이다. 이는 동학과 반대되는 서학에 대한 평가에서 더 구체적으로 알려진다.

> 양학은...비는 듯 하나 실지가 없느니라...서양사람들은 말
> 에 차례가 없고 글에 옳고 그름이 없어 도무지 천주를 위하

는 단서가 없고, 다만 자기 몸만 위하여 빌 따름이다. 몸에는 기화의 신이 없고 학에는 천주의 가르침이 없으니 형식은 있으나 자취가 없고 생각하는 것 같으나 주문이 없으니 도는 허무에 가깝고...(「논학문」)

이처럼 서학은 '무위이화'와는 거리가 멀다. 수운은 그래서 자기 몸만 위하여 빌 뿐 상제를 위하지 않고, 따라서 지극한 기운의 조화가 없으며 상제의 가르침도 없고 도는 허무에 가까울 뿐인 그들의 행위는 결코 조화를 받아 내릴 수 없다고 비판한다. 이처럼 수운에 따르면 무위이화는 나의 의지와 욕망으로 내려오는 것이 아니라 정성과 모심의 결과 상제와의 감응으로 내려지는 것이다.

이제 이러한 무위이화로서 조화가 인간에게 '정하여 짐'은 무엇을 뜻하는지 살펴보자. 수운은 그 '정'에 대해 '합기덕정기심合其德定其心'이라고 풀이하고 있다. 여기서 '기덕'과 '기심'은 무엇을 뜻하는가? 이는 무위이화와 연관하여 해석되어야 한다. 일단 지금까지의 주문 해석을 연결하면 그 다음 '정'으로서 '합기덕정기심'이 밝혀질 수 있을 것이다. 이에 따라 '시천주 조화정'을 풀어보면 "상제를 지극히 모시면 상제의 조화가 무위이화로 내려져 나의 덕은 그 덕에 합하고 내 마음은 그 마음에 정해진다"는 문장으로 해석된다.

이렇게 볼 때 수운이 말한 바처럼 덕은 곧 천덕天德이며 심은 곧 천심天心이다. 그러나 천덕과 천심이 그 자체로 존재하는 것이 아니라 인간의 덕과 마음에 합하여 내려지는 것이다. 그리고 천덕과 천심이 나의 마음에 내려짐은 '시천주'의 지극함으로 가능한 것이다. 그래서 수운은 "천심이 인심임에도 선악이 있는 것"과 "온 세상 사람들이 천주를 공경하지 않는 것"에 대해 그 사람의 정성이 부족하고 무지하기 때문이라고 말한다.[51] 따라서 지극한 '시천주'는 반드시 '조화정'에 이르는 것이다.[52]

그렇다면 '합기덕정기심'이 '정'이라면 이렇게 '시천주 조화정'으로 나는 어떤 상태에 이르렀는가? 상제의 존재를 깨닫고 그 존재를 지극히 모심으로 신앙한 결과 나에게는 특별한 신비체험이 발생한다. 그 신비체험이 바로 '조화정'이다. '조화정'의 나는 상제의 덕과 상제의 마음이 조화로서 내게 정해진 새로운 나이다. 그러나 이러한 나는 아직 그 어떤 새로운 능력을 가진

---

51) 「논학문」 참조.
52) 이러한 논조는 수운을 유학의 계승자로 생각하게 한다. 하지만 수운은 자신의 가르침이 유가와 동일하지 않다는 것을 강조한다. "공자의 도를 깨닫고 보니 나와 같은 이치로 이루어져 있음을 알았다. 나의 도와 비교한다면 대체로 같으나 조금 다른 점이 있다." 그 차이점이란 "인의예지는 옛 성인의 가르친 바요, 수심정기는 내가 다시 정한 것이니라"(「수덕문」)라는 구절에서 보듯 바로 '수심정기'에서 찾을 수 있다. 그러나 또 한편 수운은 자신이 유가의 모든 사상을 이어받았지만 거기에 자신의 생각을 첨가했다는 것을 강조함이다. 그래서 수운은 「수덕문」에서 자기 조상들의 학덕과 충의를 소개함으로써 자신의 사상이 유가와 상반된 사상으로 여겨지지 않도록 하고 있다.

존재로 드러나지는 않는다. '시천주 조화정'은 나를 어떤 새로운 존재로 만들지만 아직 그 존재는 가능적 존재로 남아있다. 그 가능적 존재가 실제로 무언가를 실천하고 이루는, 행동하는 내가 되는 것이 주문의 다음 구절에 나타난다.

4) '만사지'와 상제

지금까지 '시천주 조화정'에 대해서 살펴보았다. 앞에서 말한 것처럼 이 부분은 시천주 주문에서 '신앙적 인간'의 진정한 경지에 도달하기 위한 준비단계였다. 논자는 이를 '가능적 존재'라고 표현하였다. 이제 그 가능적 존재가 현실적 존재로 태어나는 것은 '만사지'를 통해서이다.

'시천주', '조화정', '만사지'는 모두 본주문을 이루는 중요한 부분이며, 서로 분리되어서 생각될 수 없다. 그 세 부분은 상호 논리적 관계를 가지면서 동시에 신앙의 세 단계를 나타낸다. 논자는 조화정의 의미를 분석하면서 '시천주하면 조화정한다'라고 설명하였다. 조화정과 만사지를 이와 같이 표현할 때 만사지는 '조화정하면 만사지한다'는 조건명제가 된다. 이렇게 본다면 시천주, 조화정, 만사지는 서로 분리되어 이해되어서는 안된다. 이는 수운이 '영세불망 만사지'를 해석한 내용을 살펴보면 잘 알 수 있다.

永世不忘 : 永世 ─ 人之平生

不忘 ─ 存想之意也.

萬事知 : 萬事 ─ 數之多也.

知 ─ 知其道, 而受其知也.(「논학문」)

이 구절 다음에 수운은 다음과 같이 말한다. 이는 '영세불망만사지'를 다시 설명하기위해서이다.

故明明其德, 念念不忘, 至化至氣, 至於至聖.(「논학문」)

번역하면 "그러므로 그 덕을 밝게 밝혀 늘 생각하며 잊지 아니하면 지기에 화하여 지극한 성인에 이른다"는 뜻이다. 이 문장은 조건명제이며, 전건은 분명히 '그 덕을 밝게 밝히면', '늘 생각하여 잊지 아니하면'이라는 조건절이다. 그리고 이 구절은 바로 주문의 '영세불망'에 해당한다. 그리고 그 다음 구절 '지화지기 지어지성'은 주문의 '만사지'를 뜻한다.

이 문장에서 우리는 '만사지'의 경지가 무엇인지를 찾을 수 있다. 그리고 '영세불망'이란 무엇에 대한 것인지도 알 수 있다. 논자는 이 문장의 '명명'과 '념념'은 각각 '조화정'에서 말하고 있는 '기덕'과 '기심'에 대한 인간의 정성을 지칭한다고 본다. 따라서 이 문장은 "그러므로 상제님의 덕을 밝히고 상제님의 마음을 생각하여 잊지 않으면 지기에 화하여 지극한 성인의 경지에 도달한다"라고 해석될 수 있다. 결국 '상제를 모심으로써 상제의 마음과 그 덕을 잊지 말아라' 는 것이 '영세불망' 의 참된 해석이다. 그렇다면 영세불망의 대상은 분명히 상제이며 상제의 덕이고 상제의 마음이다.[53]

수운에 있어서 '영세불망' 의 대상은 '만자시' 가 아니라 '시천주' 이며 '조화정' 이다. 이는 '영세불망' 에 대한 해석과 서로 상통한다. 수운은 '영세불망' 을 해석하면서 '평생토록 생각을 보존한다' 고 하였다. 여기서 '존상存想' 은 곧 상제에 대한 생각, 그 지극한 모심의 경지를 보존한다는 것을 뜻한다. 그러므로 '영세불망' 은 '항상 상제를 지극히 모시고 조화가 정해지는 경지를 보존한다' 는 의미이다.

이처럼 '조화정' 과 '만사지' 사이에는 '영세불망' 이 자리한다. 영세불망은 그 사이에서 중요한 역할을 한다. 그것은 단지 영원히 잊지 않는다는 의미를 넘어선다. '평생토록' 이란 표현은 '시천주 조화정' 에 대한 지극한 정성을 내포하고 있다. 한순간의 일시적인 '합기덕정기심' 이 아니라 삶이 지속되는 한 어떤 순간에도 그 경지에서 떠나지 않는다는 것을 말한다. 수운이 말

---

53) 다음의 글은 수운이 '불망' 의 대상으로 무엇을 지칭하는지를 잘 알 수 있다. "내 또한 거의 일 년에 이르도록 수도하며 헤아려보니 ....한편으로는 주문을 짓고 ... 천주님을 잊지 않을 글을 지으니 도법의 절차가 오직 스물한 자로 될 따름이라."(「논학문」) 즉 '상제' 를 잊지 않는 글이 바로 주문이고, '상제' 가 영세불망의 대상이다.

하고자 하는 것은 바로 이러한 지극한 정성을 들일 때만이 '만사지'의 인간으로 새로 태어날 수 있다는 것이다.[54] 그렇다면 배영순의 다음 주장은 오해의 여지가 있다.

> 본주문을 뜯어보면 '시천주 조화정'과 '영세불망 만사지'의 두 부분으로 나누어진다. 그러나 '영세불망만사지'는 만사에 관철되는 '시천주 조화정'의 이치를 영세불망할 것이라는 의미인 것으로 '시천주 조화정'의 이치를 다시 한 번 반복 강조하는 이상의 의미는 없다.[55]

이는 시천주 주문의 의미를 정확히 분석하지 못한 결과 나온 주장이다. 시천주 주문을 두 부분으로 나누는 것도 설득력이 없지만, '영세불망 만사지'에 대한 의미분석도 잘못되었다. 논자는 오히려 시천주 주문에서 '만사지'가 가장 중요한 의미를 갖는다고 본다. 더 강조해서 말하면 시천주 주문은 결국 '지'에 이르는 수행과정을 나타낸다. 즉 수운은 시천주 주문 해석을 통해 참된 깨달음의 길로 나아가는 과정을 설명한 것이라고 말할 수 있다. 그 이유는 주문의 논리적 분석에서 그러하다. 주문은 '시

---

54) 논자는 이런 측면에서 '시천주 조화정'의 경지를 단지 가능태라고 설명한 것이다. 이러한 가능태는 '영세불망'의 정성, 끝없는 실천으로 인해서 '만사지'의 경지, 즉 현실태에 이를 수 있다.

55) 배영순, 「동학사상의 기본구조」, 61쪽.

천주면 조화정이고, 조화정이면 만사지다.'는 문장구조로 분석된다. 따라서 시천주 주문의 대전제는 '시천주'에 있으며, 그 결론은 바로 '만사지'에 있다. 즉 만사지는 시천주와 조화정의 최종 목적이다.

이러한 논지는 만사지의 의미를 좀 더 자세히 고찰해보면 이해할 수 있다. 수운은 '만사지'를 설명하면서 '모든 것에 대해서 그 도를 깨달아서 그 지혜를 받는 것'이라고 말한다. 여기서 보듯이 '만사지'에서 중요한 것은 바로 '지知', 즉 '앎'이다. 수운은 이러한 앎이 무엇을 뜻하는지, 그리고 그 앎의 경지가 무엇인지를 그 다음 구절에서 자세히 설명하고 있다. 바로 '지화지기 지어지성至化至氣 至於至聖'이다.

'만사지'의 '지'에 대한 정당한 이해는 '지기도知其道'와 '지화지기至化至氣'에서 찾아야 한다. 그것을 통해서 결국 인간은 '지극한 성인'의 경지에 도달하기 때문이다. '지기도'에서 '지', 즉 앎이란 단순히 현상적 개별적 지식이 아니라 '도(其道)를 깨닫는 것'이며 그럼으로써 '지혜를 받는 것'이다. 즉 수운이 말한바 앎이란 '상제의 가르침'으로서 '천도'를 깨닫는 것이며, 이는 바로 무극대도에 대한 깨달음이다. 수운은 『동경대전』에서 여러 차례 상제로부터 도와 법을 받았음을 고백하고 있으며, 그 도는 바로 '무극대도'임을 밝히고 있다.

내 또한 공이 없으므로 너를 세상에 내어 사람에게 이 법을 가르치게 하니 의심하지 말고 의심하지 말라.(「포덕문」)

너는 무궁 무궁한 도에 이르렀으니 닦고 단련하여 글을 지어 사람을 가르치고 그 법을 바르게 하여 덕을 펴면...(「논학문」)

그 운수를 타고 그 도를 받은 시절은 경신년 사월이러라.(「수덕문」)

만고없는 무극대도 여몽여각 득도로다....어화세상 사람들아 무극지운 닥친 줄을 너희 어찌 알까보냐...무극대도 닦아내니 오만년지 운수로다.(「용담가」)

만고없는 무극대도 이 세상에 창건하니 이도 역시 시운이라.(「권학가」)

이러한 무극대도에 대한 깨달음으로서의 '앎의 경지'는 '만사지'를 설명하는 그 다음의 구절에서 더 정확히 추정할 수 있다. 바로 '지화지기', 즉 '지극히 지기에 화한다'의 경지이다. 여기서 '지기에 화한다'는 뜻은 '상제의 지극한 기운으로 조화의 경지에 다다른다.'는 말로 설명할 수 있다. 즉 '만사지'로서 인간은 이제 새로운 인간의 경지, 조화의 경지에 도달한다. 이러한 경지의 새로운 인간에 대해 수운은 '성인'이라고 부른다. 그렇다면 만사지의 궁극적 목적은 상제님을 믿는 모든 백성들이 시

천주를 통해서 성인군자가 될 수 있다는 것에서 찾을 수 있을 것이다.[56]

> 그러므로 사람은 군자가 되고 학은 도덕을 이루었으니 도는 천도요 덕은 천덕이라. 그 도를 밝히고 그 덕을 닦음으로 군자가 되어 지극한 성인에 까지 이르렀으니...(「포덕문」)

> 입도한 세상사람 그 날부터 군자되어 무위이화 될 것이니 지상신선 네아니냐.(「교훈가」)십삼자 지극하면 만권시서 무엇하며....현인군자 될 것이니 도성덕립 못미칠까.(「교훈가」)

수운은 이렇게 '만사지'의 경지를 풀어서, '만사지'를 통해 우리 모두 '성인'이 될 수 있음을 강조하고 있다. 논자는 이러한 주문해석을 바탕으로 '시천주 주문'의 목적이 바로 '만사지'에 있음을 유추하였다. 시천주 주문에서 시천주와 조화정과 만사지는 그 어느 하나라도 다른 것 없이 존재하지 않는 필연적 관계에 있다. 그래서 논자는 '시천주하면 조화정하고 조화정이면 만사지한다.'라는 논리적 관계를 정립하였던 것이다. 그러므로 궁극적으로 수운의 주문해석을 따라가다 보면 '시천주 주문' 수행은 곧 '시천주'를 통해서 '만사지'의 경지, 즉 '지극한 성인'에 도

---

56) 물론 이 때 말하는 성인은 단순히 유가에서 말하는 '도덕적 완성자'로서의 성인이나 혹은 군자에 한정되지 않는다. 오히려 수운이 지향하는 바 성인이란 '교훈가'에서 말하듯이 '지상신선'의 경지, '도통자'의 경지를 말한다.

달하는 것임을 알 수 있다.

이제 '시천주 조화정'으로 상제와 감응하여 신령스러움과 지극한 기운의 조화를 체험한 인간은 조화가 무위이화로 정해진 가능태적 인간을 넘어 만사지의 현실적, 능동적 주체로 활동한다. 그는 말 그대로 '모든 것을 아는 존재'가 된 것이다. 이러한 경지는 신이 인간에게 내린 경지가 아니라 그 경지에서 한걸음 나아가 스스로 자신의 존재성을 개벽한 능동적 주체이다. 이처럼 시천주 주문은 새로운 후천 5만 년을 열어나가는 참인간을 만드는 주문이다.

이제 '시천주 주문'을 수운의 해석에 따라서 그 전문을 풀어보면 다음과 같다.

> 상제를 지극한 마음으로 모시면 내적으로는 신령스러움이 깃들고 외적으로는 지극한 기운의 감응이 생겨난다. 그러면 상제의 조화가 무위이화로 내려져 나의 덕은 그 덕에 합하고 내 마음은 그 마음에 정해진다. 이러한 '시천주 조화정'의 경지를 평생토록 잘 보존하여 생각하면 그 도를 깨달아 상제의 지극한 기운에 도달함으로써 우리 모두 성인의 경지에 이를 수 있다.

4. 맺는 말

수운의 시천주 사상에는 상제에 대한 존재증명과 그 신앙의 당위성이 체험적 고백으로 담겨있다. 수운은 상제가 단순히 옥경대에 있다고만 할 경우 신에 대한 믿음과 체험이 불가능하다고 보았다, 그래서 사근취원으로는 상제체험이 불가능하다고 한 것이다. 이런 맥락에서 시천주의 '모심'은 나와 상제의 관계맺음, 즉 내안에 모심으로 천주를 체험할 수 있다는 뜻이다. 그러나 이 때 '내 안에 모심'은 단순히 내 몸속에 상제님이 존재한다는 의미로 해석하는 것은 바람직하지 않다. 내 몸에 모셨다는 것은 '사근취원'의 잘못, 즉 '가까이 있음(내적 체험)을 버리고 멀리에서 취하는(인간과 단절되어 옥경대에 존재하는 것)' 잘못을 범하지 말라는 의미이다. 옥경대에 있는 상제님에서 내가 신앙하고 내게 조화를 내리는 상제님으로 모신다는 의미가 함축되어 있다.

서학의 천주사상은 천주가 단지 초월적 절대자이지만, 동학의 신관은 그렇지 않다. 그러한 신을 마음속에 모시고 밖으로는 기로 느끼는 체험적 상제관이 수운의 시천주 사상에 대한 정당한 결론이다. 이는 신에 대한 신앙과 체험을 통해 신의 존재를 증명하는 것이다. 또한 한걸음 더 나아가 이는 「불연기연」에 나타나는 신존재 증명과도 일맥상통한다. 이러함에도 사근취원의 잘못을 논하는 것은, 혹은 그것을 잘못 해석하는 것은 '사인여천', '양천주', '인내천'의 선입견으로, 혹은 해월과 의암의 해석이 가진 교조적 독선으로 인해서 수운의 참된 상제관을 등한시하였기 때문이다. 모든 인간이 평등하고 존엄하다는 사상은 너무나 소중하며 반드시 실현해야할 도덕적 규범이다. 그러나 신앙적 차원에서 볼 때 이에 너무 몰입하여 상제의 존재성과 신성성, 그리고 절대성을 망각하는 것은 잘못된 판단의 시작이다. 이와 관련하여 신일철의 다음 주장은 주객이 전도된 잘못된 논조가 아닐 수 없다.

> "최제우의 단계에서는 아직 인간이 곧 천이라고 하는 인즉천, 인내천의 범신론적인 범천주의에까지 철저화되지 못하고 그의 시천주는 아직 인간 위에서 만물을 주재하는 상제로서 혹은 경외지심의 대상으로서 만들어지고 때로는 천주를 모신 신비적 체험의 종교적 자각상태에 머물렀다."[57]

이러한 주장은 예수의 말씀을 따르지 않고 사도와 선지자의 관념화된 신관과 인간관을 더 발전된, 혹은 진보된 교리로 지지하는 것과 결코 다르지 않다. 신일철은 상제라는 절대적 주재신, 천주를 모시는 것보다 인내천 같은 관념적, 인간론적, 사회정의적 차원의 교리와 범신론적 신관이 더 바람직한 것처럼 주장한다.

그러나 지금까지 살펴본 바와 같이 수운의 상제관은 결코 그

---

57) 신일철, 『동학사상의 이해』, 53쪽.

렇지 않다. 그의 진정한 목적은 상제신앙의 새로운 차원을 열어 나가는 것이다. 이러한 차원에서 '시천주 주문'을 바라보아야 하고 그의 '시천주 주문해석'에 접근해야 한다. '시천주', '조화정', '만사지'는 각각 상제에 대한 인간의 필연적 관계를 함축하고 있으며, 지극한 '시천주'로 우리는 '만사지'의 새로운 인간으로 거듭난다는 것이 논자의 결론이다.

『동경대전』은 '상제 체험'과 '상제신앙'에 대한 수운의 고백이다. 그리고 동학은 곧 우리 한민족 시원종교인 상제신앙의 선상에 서있으며, 그 동안 역사의 흐름에서 망각한 신교를 오늘에 되살려 참된 하느님에게로 나아갈 수 있는 사다리를 마련하는 것이다.

"시천주 조화정 영세불망 만사지"

참고문헌

경전 및 1차 자료

『동경대전』

『용담유사』

증산도 도전편찬위원회 편찬, 『증산도 도전』, 서울: 대원출판사, 2003.

천도교중앙총부, 『천도교 경전』, 서울: 천도교중앙총부 출판부, 1998.

단행본

김상일, 『수운과 화이트헤드』, 서울: 지식산업사, 2001.

김용옥, 『도올세설』, 서울: 통나무, 1990.

김용옥, 『동경대전(1)』, 서울: 통나무, 2004.

김진혁, 『새로운 문명과 동학사상』, 서울: 명선미디어, 2000.

동학학회 편저, 『동학과 전통사상』, 서울: 모시는 사람들, 2004.

민족문화연구소 편, 『동학사상의 새로운 조명』, 대구: 영남대출판부, 1998.

신일철, 『동학사상의 이해』, 서울: 사회비평사, 1995.

안경전, 『개벽 실제상황』, 서울: 대원출판사, 2005.

오문환 편저, 『수운 최제우』, 서울: 예원서원, 2005.

윤석산 편주, 『초기동학의 역사, 도원기서』, 서울: 신서원, 2000.

윤석산 주해, 『동경대전』, 서울: 동학사, 1998.

윤석산 주해, 『용담유사』, 서울: 동학사, 1997.

윤석산, 『후천을 열며』, 서울: 동학사, 1996.

이찬구, 『천부경과 동학』, 서울: 모시는 사람들, 2007.

표영삼, 『동학 I, 수운의 삶과 생각』, 서울: 통나무, 2007.

최동희 · 이경원, 『새로 쓰는 동학』, 서울: 집문당. 2003.

한우근, 『동학과 농민봉기』, 서울: 일조각, 1983.

논문

김경재, 「수운의 시천주 체험과 동학의 신관」, 오문환 편저, 『수운 최제우』, 서울: 예문서원,
    2005.

김상일, 「전 · 후기 동학가사의 동학사상과 그 변모」, 동학학회 편저, 『동학과 전통사상』, 서

　　울: 모시는 사람들, 2004.

김용휘, 「수운 최제우의 시천주 사상」, 오문환 편저, 『수운 최제우』, 서울: 예문서원, 2005

박맹수, 「동학과 전통종교와의 교섭」, 민족문화연구소 편, 『동학사상의 새로운 조명』, 대구:
　　영남대출판부, 1998.

배영순, 「동학사상의 기본구조」, 민족민화연구소 편, 『동학사상의 새로운 조명』, 대구: 영남
　　대출판부, 1988.

오문환, 「시천주 주문을 통해서 본 수운의 인간관」, 『수운 최제우』, 오문환 편저, 서울: 예원
　　서원, 2005.

이강오, 「『동경대전』과 『용담유사』의 서술원리」, 영남대학교 민족문화연구소 편, 『동학사상
　　의 세로운 조명』, 대구: 영남대출판부, 1998.

증산도의 조화관

- 동학의 조화관과 연계하여 -

원정근

1. 아주 오랜 미래의 새 길

지금 이 시대의 많은 사람들은 오로지 새것에만 열광하고 있다. 새로 산 가전제품이라도 몇 달이 지나면 이내 구형이 되고, 오늘 본 뉴스라도 하루만 지나면 금방 심드렁한 얘기가 된다. 옛것은 낡아빠진 헌것으로만 받아들인다. 그러나 옛길은 단순히 낡고 묵은 길이 아니다. 샘물이 강과 바다로 이어지는 모든 물의 원천인 것처럼, 옛길은 모든 길의 뿌리를 이루면서 동시에 미래의 새 길로 연결된다. 왜냐하면 옛길에는 모든 길의 근원이 담겨 있기 때문이다. 그렇다면 우리는 어디에서 아주 오래된 미래의 새 길을 찾을 수 있을까?

우리의 전통사상에는 아주 오래된 미래의 새 길을 열 수 있는 사유가 있다. '원시반본原始返本'(『도전』 2:27:5)[1]의 사유방식이 바로 그것이다. 원시반본의 사유방식은 우주생명의 시원과 근본에 대한 근원적 통찰을 통해 우리가 돌아가야 할 조화造化[2]의 진정

---

1) '원시반본'이란 모든 생명이 우주생명의 시원을 찾아서 거슬러 올라가 그 근본으로 되돌아간다는 뜻이다.

2) '조화造化'는 '조造'와 '화化'의 복합어이다. 이는 일반적으로 인간을 포함한 우주만물이 절로 그러하게 생성하고 변화할 수 있는 창조적 변화과정을 말한다.(김경탁, 「동학의 『동경대전』에 관한 연구-그 주요개념의 분석과 화합」, 7-8쪽.) 그러나 여기서 우리가 추적하고자 하는 것은 수운의 동학과 증산도의 참동학의 관계를 중심으로 천지만물의 자연변화를 가능케 하는 그 바탕에 모든 변화를 주관하는 조화주의 주재성이 전제되어 있다는 것을 밝히는 문제이다.

한 고향이 어디에 있는지를 살피고, 그 참된 고향을 찾아 돌아가려는 것이다. 여기서 우리가 말하는 조화의 참 고향이란 이 지상에서 앞으로 펼쳐질 신천지新天地이자 신세계新世界로서 조화선경造化仙境의 이상낙원이다.

지상선경은 모든 생명이 독자적 자유와 복록을 만끽하면서도 다른 생명과 유기적 질서와 조화調和를 이루는 세계이다. 즉 갖가지 변화가 어떻게 이루어지는지 모를 정도로 자유자재로 펼쳐지는 너무도 오묘한 세계이다. 무궁무진한 창조적 변화작용으로 충만한 지상선경은, 세상 사람들의 인식을 가지고서는 도저히 가늠하기 어려운 기기묘묘한 세상이기 때문에 무엇보다 먼저 조화사상에 대한 성찰이 요청된다.

'상제조화' 3)를 중심으로 조화세상의 물꼬를 튼 것은 수운水雲 최제우崔濟愚(1824~1864)의 동학이다. 수운은 인간이 상제조화를 체험할 수 있다면, 그 누구라도 지상신선이 되어 지상낙원을 이룩할 수 있다는 사실을 강조한다. 그런데 동학의 조화사상은 양면성을 지니고 있다. 동학은 상제조화의 중요성을 자각함으로써 조화주 상제의 재발견과 재복권을 시도했다는 측면에서는 큰 기

---

3) 『동경대전』과 『용담유사』에는 우주만물의 주재자에 대한 다양한 호칭이 있다. 예컨대, '상제'와 '천주'와 'ᄒᆞᄂᆞᆯ님' 등이 바로 그것이다. 표영삼, 『동학1 (수운의 삶과 생각)』, 109쪽. 그러나 동아시아에서 주재자의 호칭으로 가장 오래된 것일 뿐만 아니라 주재자의 주재성을 가장 잘 드러내고 있는 것은 '상제' 또는 '옥황상제'이다. 따라서 우리는 아래에서 경우에 따라서 '천주'와 '천주조화'를 '상제'와 '상제조화'로 바꾸어 표현할 것이다.

여를 하였다.

하지만 동학의 상제관은 그 자체로 애매성을 지니고 있다. 왜냐하면 동학에서 상제와 지기의 관계는 서로 구분되면서도 연결되는 이중 구조와 통일 지평을 동시에 지니고 있어서 양자의 관계에 대한 명확한 경계선을 실증적 차원에서 확보하기 어려운 측면이 있기 때문이다. 문제는 상제와 지기의 관계를 어떤 관점에서 보느냐에 따라 서로 다른 결론에 도달할 수 있다는 점이다. 동학의 상제관이 신의 초월성과 내재성의 관계를 둘러싸고 여러 가지 곡해와 오해가 일어날 수 있는 시비의 소지가 바로 여기에 있다.

증산도는 동학의 조화이상造化理想을 온전히 계승하여 동학의 참뜻을 구현하려는 새로운 동학이다. 새 동학은 동학의 연원이 어디에 있는가를 밝히는 데서 출발한다. 그렇다면 동학의 연원은 어디에서 비롯되는 것일까? 증산도는 동학의 연원이 인간으로 강세하여 우주만물을 주재하는 상제를 모시는 데서 발원된다는 점을 분명히 한다. 상제가 지상에 직접 강림했다는 사실은 한국종교사뿐만 아니라 세계종교사에서도 그 유래를 찾아보기 어려운 획기적인 대사건이다.

증산도는 동학의 시천주侍天主의 근본정신을 계승하면서도 상제에 대한 새로운 인식과 발상의 전환을 제공한다. 상제가 천지와 건곤과 음양 등과 마찬가지로 '합덕合德' 또는 '동덕同德'의 관계로 존재한다는 사실이다.[4] 증산도는 조화의 주재자인 상제를 모시고 선후천의 천지이법에 따라 우주만물의 신묘한 생명력을 완벽하게 발현함으로써 이 땅위에 "지상선경, 현실선경, 조화선경"을 건립하려는 것이다.[5]

증산도의 조화사상은 인간을 포함한 천지만물이 제각기 자신의 생명력을 온전하게 실현함으로써 모든 생명이 한데 어울려 수명과 복록을 맘껏 누릴 수 있는 지상선경의 청사진을 제시한다. 우리는 이 글을 통해 동학과 증산도의 조화사상을 비교적인 시각에서 논구함으로써 동학의 이상이 증산도에서 오롯하게 드러나고 있다는 사실을 논증하려고 한다.

2. 동학의 조화관

1) 불연기연과 상제조화

수운의 핵심사상은 어디에 있는가? 조화사상에 있다.[6] 수운은 상제조화를 바탕으로 '지상신선'[7]의 지상낙원을 열려고 했기 때문이다. 수운은 지상신선의 이상세계를 열기 위한 근원적 방안으로 '불연기연不然其然'의 사유방법을 제시한다. 그렇다면 수

---

4) 안경전, 『개벽 실제상황』, 471-472쪽.
5) 안운산, 『천지의 도 춘생추살』, 298쪽.
6) 조용일, 『동학조화사상연구』, 12쪽.
7) 『용담유사』 「교훈가」.

운은 불연기연의 사유방식을 통해 어떻게 지상낙원을 열려고 했던 것일까?

수운의 불연기연은 모순과 역설의 사유방식이다. 왜냐하면 불연기연은 '그렇지 않다'와 '아니다'라는 부정과 '그렇다'와 '이다'라는 긍정을 동시에 인정하는 사유방식이기 때문이다. 부정을 통해 대긍정을 추구하는 방식이 바로 불연기연의 사유특성이다. 그러나 부정과 긍정이 따로 떨어져 있는 것이 아니라 역동적 상관관계를 이루기 때문에 부정과 긍정 가운데 어떤 측면에 더 주안점을 두느냐에 따라 표현방식이 달라질 수 있다. 부정의 측면에 강조점을 두면 불연기연이지만, 긍정의 측면에 주안점을 두면 기연불연이라 할 수 있다. 따라서 불연기연과 기연불연은 부정과 긍정이 하나로 맞물려 동시에 이루어진다는 측면에서 같은 사실을 다르게 표현하는 것에 지나지 않는다.

수운의 불연기연의 사유방식은 어떤 것을 부정하여 넘어섬과 동시에 다시 긍정하여 감싸는 '포월적包越的' 사유방식이다. 이는 동아시아 전통사상의 흐름을 계승하고 있을 뿐만 아니라[8] 오늘날 양자택일의 이분법적 세계관을 돌파할 수 있는 새로운 사유방식이다. 불연기연은 세계와 인간의 관계를 바라보는 동학의 학문 방법이자 양자 사이의 조화관계를 실천하기 위한 공부 방법이기도 하다.

---

8) 박소정, 「동학과 도가사상: 불연기연의 논리를 중심으로」, 326쪽.

학문 방법의 측면에서 불연기연은 동양의 유불도와 서양의 서학을 부정하여 초월하면서도 긍정하여 새롭게 포함한다. 수운에 따르면 동양의 유불도와 서양의 천주학은 모두 한계점을 지닌다. 서양의 천주학은 신과 세계, 신과 인간의 단절을 전제로 한 외재적 절대자를 신앙한다는 측면에서 한계성을 지닌다. 즉 신의 초월성과 내재성의 연관관계를 제대로 설명하지 못하는 문제점을 드러낸다. 이런 맥락에서 수운은 서학에는 '기화지신氣化之神'[9]이 없다고 비판한다.

동아시아의 유불도의 사상도 마찬가지로 문제점을 표출한다. 유교는 인간의 도덕성을 강조하는 뚜렷한 장점을 지니고 있지만, 유학에서 주장하는 도덕성을 온전하게 실현하기 위해서는 '시천주'를 전제로 삼아 마음과 기운을 같이 공부하는 새로운 수양론을 도출해야 한다고 수운은 본다.[10]

도교는 모든 사물이 우주만물의 통일적 존재근거인 도에 기반하여 저절로 그러하게 변화하는 줄로만 안다. 하지만 도교는 자연변화가 일어나기 위해서는 전제조건이 필요하다는 것을 자각하지 못하였다. 그 전제조건이 바로 '천주조화天主造化'[11]이다. 수운의 사유에는 불교의 공적과 과실에 대해 뚜렷한 언급이 없

---

9) 『동경대전』「논학문」.
10) 김용휘, 「수운 최제우의 아국의식과 동학의 어원적 의미−서학과 유학과의 비교를 중심으로−」, 306쪽.
11) 『동경대전』「포덕문」.

다. 하지만 수운이 보기에 불교의 문제점은 깨침의 마음공부가 단순히 개인의 주체적 자각에 의해 이루어지는 줄로만 알뿐 궁극적으로 '천주를 모심'[시천주]으로 실현된다는 사실을 알지 못한 데에 있다. 여기서 우리는 수운이 동양의 유불도와 서양의 천주학을 비판하는 그 핵심논거가 바로 우주만물의 주재자인 상제와 상제조화에 있다는 것을 알 수 있다.

수운이 유불도와 서학을 비판하는 것은 모두 불연의 측면이다. 여기서 불연은 그 무엇이라고 확실하게 단정할 수는 없지만 모든 생명의 주재자인 '상제'와 '상제[천주]의 가르침'[天主之敎][12]을 뜻하는데, 상제와 상제의 가르침을 제대로 받들지 못하고 있다는 측면에서 동양의 유불도와 서양의 천주학이 모두 부정된다. 하지만 기연의 측면에서 다시 긍정된다. 왜냐하면 유불도와 서학이 모두 '상제의 가르침'을 전제로 한다면, 유불도와 서학의 가르침을 다시 새롭게 긍정할 수 있기 때문이다. 따라서 불연기연은 유불도와 서학을 초월하면서 동시에 포함하는 '포월'의 학문 방법이다.

그러나 불연기연은 단순히 학문 방법의 차원에서 머무는 것은 아니다. 왜냐하면 불연기연은 세계와 인간의 절묘한 관계를 온전히 파악하고 실현하려는 동학의 실천적 공부 방법이기 때문이다. 불연기연의 사유방식은 세계와 인간을 있는 그대로 바라볼

---

12) 『동경대전』 「논학문」.

수 있게 하는 인식론적 정화작용의 역할을 수행한다. 일상적 시각에서 보면 세상의 모든 일이 알 수 없는 것[불연]처럼 보이지만, 깨침의 눈에서 보면 확연히 알 수 있기[기연] 때문이다. 불연기연은 있는 그대로의 세계의 참모습이 인간에게 각인되게 하는 사유방법이다. 모든 사물현상은 상제의 조화작용에 근거해서 이루어지기 때문에 불연기연은 모든 변화를 주재하는 상제를 똑바로 볼 것을 강조한다.

불연기연의 사유방식은 먼저 세계관의 차원에서 볼 수 있다. 불연은 우주만물의 불확정성과 불투명성을 말하고, 기연은 우주만물의 확정성과 투명성을 말한다. 이 세계의 모든 사물은 무형의 통일성[불연] 속에서 개별적 독자성을 지닌[기연] 전일적 존재다. 동아시아 철학은 일반적으로 위진시대의 곽상郭象이 지적한 것처럼 모든 사물이 우주만물의 전체적 통일성[玄冥] 속에서 독자적으로 변화한다[獨化]고 보았다. '현명'이 불연의 측면이라면, '독화'는 기연의 측면이다.

하이데거의 '존재'와 '존재자' 사이의 '존재론적 차이'의 관점에서 본다면, '존재'의 숨음은 불연의 측면이고, '존재자'의 드러남은 기연의 측면이다. 여기서 하이데거가 말하는 '존재론적 차이'란 '존재'와 '존재자'가 서로 구분과 차이를 드러내면서도 하나로 연관되어 있는 이중구조의 측면을 뜻한다. 또한 메를로 퐁티의 '보이지 않는 것'의 불투명성과 '보이는 것'의 투명성

사이의 존재론적 관계에서 보면, '보이지 않는 것'은 불연의 측면이고 '보이는 것'은 기연의 측면이다.[13]

수운의 동학에서 우주만물은 두 가지 존재근원을 지닌다. 지기至氣와 상제上帝가 바로 그것이다. 지기는 '조물자造物者'[14]로서 우주만물을 생겨나게 하고 변화하게 하는 모든 생명의 존재근원이고, 상제는 지기로서의 조물자를 포함한 이 세계에 존재하는 모든 생명을 통치하고 주재한다. 모든 생명의 자연적 존재근원인 지기와 주재적 존재근거인 상제는 상호 밀접한 연관성을 지닌다.

수운에서 지기는 우주만물의 통일적 존재근원으로서 '혼원일기渾元一氣'이다. 그렇다면 '혼원일기'란 구체적으로 무엇을 뜻하는 것인가?

> 지라는 것은 지극한 것이다. 기라는 것은 허령함이 창창하여 일마다 관계하지 않음이 없고 일마다 명령하지 않음이 없다. 그러나 형체가 있는 듯하나 형상하기 어렵고 들을 수 있는 듯하나 볼 수 없으니, 이것이 곧 혼원한 일기이다. (「논학문」)[15]

여기서 '혼원일기'란 본래 천지에 가득한 기운이 갈라지기

---

13) 미셸 콜로, 정선희 옮김, 『현대시와 지평 구조』, 39-42쪽.

14) 『동경대전』 「불연기연」.

15) "曰至者, 極焉之爲至. 氣者, 虛靈蒼蒼, 無事不涉, 無事不命, 然而如形而難狀, 如聞而難見, 是亦渾元之一氣也."

이전에 모든 기운이 하나로 융합된 근원적 기운을 말한다. 모든 생명은 '혼원일기'에 근거해서 생겨나고 변화한다. '혼원일기' 와 만물은 '일'[통일성]과 '다多'[다양성]의 관계에 있다. '혼원 일기'는 무형의 통일성이고, 만물은 유형의 다양성이다. 무형의 통일성인 '혼원일기'에 근거해서 유형의 천지만물이 생겨나고 변화하는 것이다. 상제는 이 '혼원일기'를 주관하면서 우주만물 을 다스린다. 상제가 위대한 것은 바로 '혼원일기'를 포함한 우 주만물의 변화작용을 주관할 수 있는 조화권능을 지니고 있기 때문이다.

상제와 우주만물이 하나로 연결될 수 있는 고리는 바로 조화 에 있다. 수운에서 조화는 불연기연의 측면에서 살펴볼 수 있다. 수운에서 조화란 '무위이화'를 뜻한다. 수운은 『동경대전』 「논 학문」에서 "조화라는 것은 무위이화이다."[造化者, 無爲而化.]라고 강조한다. '무위이화'는 본래 『노자』 「57장」의 "아무위이민자 화我無爲而民自化"의 줄임말인 것으로 보인다. 사마천은 『사기』 「노자한비열전」에서 '무위자화無爲自化'라는 말을 사용한다. 그 리고 당현종은 '무위자화'를 줄여서 '무위화無爲化'로 표현하기 도 한다. 수운은 '무위이화'와 '무위화'라는 말을 동시에 사용 하고 있다. 따라서 수운에서 조화를 뜻하는 '무위이화'란 누가 그렇게 되도록 시키지 않아도 저절로 그러하게 변화하는 것을 말한다.

대저, 예로부터 지금까지 봄과 가을이 번갈아 갈마들고, 사
계절의 번성과 쇠퇴가 옮기지도 않고 바뀌지도 아니하나니,
이 또한 천주조화의 자취가 온 천하에 밝게 드러난 것이다.
어리석은 사내와 어리석은 백성은 비와 이슬을 내려 주시는
(천주의) 은택인 줄을 알지 못하고 함이 없이 절로 변화하는
줄만 안다. (「포덕문」)[16]

비인격성을 지닌 도에 의거한 도가나 도교의 '무위이화'와
인격성을 지닌 천주조화에 근거한 동학의 '무위이화'는 본질적
으로 그 차원이 다르다. 수운에 따르면, 자연변화는 천주의 은택
으로 이루어진다. 그런데도 어리석은 사람들은 자연변화가 조화
주인 천주에 의거해 발현된다는 사실을 알지 못하기 때문에 저
절로 그러하게 이루어지는 것으로 착각한다. 하지만 자연변화가
일어날 수 있는 것은 천주가 모든 변화를 주재하기 때문이다. 아
무리 어리석은 사람들일지라도 사계절의 자연변화는 알 수 있다
고 하는 측면에서 보면 기연이고, 어리석은 사람들이 모든 사물
현상의 존재근거인 천주를 알지 못한다는 측면에서 보면 불연이
다.

그런데 천주가 자연변화를 주재한다고 해서 전제군주처럼 자
신의 의지와 주관에 따라 마음대로 주재하는 것은 아니다. 천주

---

16) "盖自上古以來, 春秋迭代, 四時盛衰, 不遷不易, 是亦天主造化之迹, 昭然于天
下也. 愚夫愚民, 未知雨露之澤, 知其無爲而化矣."

가 자연변화를 주재하는 것은 어디까지나 천지이법에 근거해서 이루어지는 것이다. 이렇게 볼 때, 수운에서 모든 변화는 결국 '천주조화'의 주재성과 통치성에 근거해서 일어나는 것이라고 할 수 있다.

불연기연의 사유방식은 인식론의 차원에서도 살펴볼 수 있다. 불연은 우리의 인식과 사유로 드러나지 않는 불가지不可知와 불가사不可思의 측면을 말하고, 기연은 인간의 오관으로 경험할 수 있는 가지可知와 가사可思의 측면을 말한다. 논리적으로 추론하여 알 수 있는 영역은 기연이고, 논리적으로 추론하여 논증할 수 없는 영역은 불연이다. 대부분의 일상 사람들은 투명하고 확실한 것만을 믿고 불투명하고 불확실한 것은 굳이 알려고 하지도 않고 믿으려고 하지도 않는다. 하지만 우리가 일상생활에서 뚜렷하고 분명한 것이라고 생각했던 것도 조금만 깊이 생각해보면 알 수 없는 것인 경우가 너무도 많다. 수운은 이런 사실에 초점을 맞추어 불연기연의 문제를 제시한다.

> 노래로 읊조려 보노라. 천고의 만물은 각기 이룸이 있고 각기 형체가 있도다. 보는 바로 말하면 그렇고 그런 듯하나, 말미암은 바를 헤아리면 멀고도 아주 멀도다. 이 또한 아득한 일이요 헤아리기 어려운 말이로다. 내가 나를 생각하면 부모가 이에 계시고, 뒤로 후손을 생각하면 자손이 저기에 있도다. 오는 세상에 견주어 본다면 이치는 내가 나를 생각

하는 것이나 다름이 없을 것이지만, 지난 세상에서 찾는다
면 사람이 사람으로 된 것이 의심스러워 분별키 어려울 것
이다. 아! 이같이 헤아림이여! 그 그러함을 미루어 보면 기
연은 기연이나 그렇지 않음을 찾아서 생각하면 불연은 불연
이라. 왜 그런가? 옛날에 천황씨는 어떻게 사람이 되었고
어떻게 임금이 되었는가? 이 사람은 근본이 없으니, 어찌
불연이라고 이르지 않겠는가? 세상에 누군들 부모 없는 사
람이 있겠는가? 그 선조를 상고하면 그렇고 그렇고 또 그런
까닭이니라. 그렇게 세상이 이루어져서 임금을 내고 스승을
내었으니, 임금은 법을 만들고 스승은 예를 가르쳤느니라.
임금은 자리를 전해준 임금이 없건마는 법의 강령을 어디서
받았으며, 스승은 가르침을 받은 스승이 없건마는 예의를
어디서 본받았을까? 알지 못하고 알지 못할 일이로다. 나면
서부터 알아서 그러한 것일까? 함이 없이 절로 변화해서 그
런 것일까? 나면서부터 알았다 말할지라도 마음은 어두운
가운데 있고, 함이 없이 절로 변화해서 그런 것이라 말할지
라도 이치는 아득한 사이에 있도다. (「불연기연」)[17]

---

17) "歌曰: 而千古之萬物兮, 各有成各有形. 所見以論之, 則其然而似然; 所自以
度之, 則其遠而甚遠, 是亦杳然之事, 難測之言. 我思我, 則父母在兹; 後思
後, 則子孫存彼. 來世而比之, 則理無異於我思我; 去歲而尋之, 則惑難分於
人爲人. 噫! 如斯之忖度兮! 由其然而看之, 則其然如其然; 探不然而思之,
則不然于不然. 何者? 太古兮, 天皇氏, 其爲人,其爲王? 斯人之無根兮, 胡不
曰不然也? 世間 孰能無父母之人? 考其先,則其然其然, 又其然之故也? 然而
爲世, 作之君作之師, 君子以法造之, 師者以禮敎之. 君無傳位之君, 而法綱
何受? 師無受訓之師, 禮義安效? 不知也, 不知也. 生而知之而然也? 無爲化
也而然也? 以知而言之, 心在於暗暗之中; 以化言之, 理遠於茫茫之間也."

구체적인 형상을 지닌 모든 사물은 분명히 그 무엇이라 확정 지어 말할 수 있다. 하지만 모든 사물의 시초와 근원을 캐어 올라가면 사물의 존재원인과 생성원인을 제대로 판단하기 어렵다. 여기에서 불연과 기연의 문제가 생겨난다. 수운은 대부분의 사람들이 불연은 잘 알지 못하므로 잘 알 수 있는 기연의 차원만 말한다고 본다.

> 대저, 이와 같다면 불연은 잘 알지 못하므로 불연을 말하지 못하고, 기연은 알 수 있으므로 이에 기연을 믿는 것이라. 이에 그 말단을 헤아리고 그 근본을 캐어본다면 만물이 만물이 되고 이치가 이치가 된 큰 일이 얼마나 먼 것인가? 하물며 또한 이 세상 사람들은 어찌하여 앎이 없는고, 앎이 없는고? (「불연기연」)[18]

그러나 기연과 불연이 따로 떨어져 있는 것은 아니다. 기연을 통해 추론해 올라가면 불연의 영역과 마주치게 된다. 기연이 어느 순간에 불연이 된다. 뿐만 아니라, 역으로 불연이 기연이 될 수 있다. 왜 그런가? 그것은 '조물자'의 측면에서 우주만물의 생성과 변화의 과정을 살펴볼 때 이루어진다.

수운은 "그러므로 확정하기 어려운 것은 불연이요, 쉽게 단정할 수 있는 것은 기연이다. 먼 데를 캐어 견주어 생각하면 그렇

---

18) "夫如是, 則不知不然, 故不曰不然, 乃知其然, 故乃恃其然者也. 於是而揣其末 究其本, 則物爲物理爲理之大業, 幾遠哉? 況又斯世之人分, 胡不知, 胡不知?"

지 않고 그렇지 않으며 또 그렇지 않은 일이나, 조물자에 부쳐보면 그러하고 그러하며 또 그러한 이치로다"(「불연기연」)[19]라고 강조한다. 앞서 언급한 것처럼, 여기서 '조물자'란 만물이 생성 변화하는 존재의 근원을 뜻한다. 우주생명의 존재근원인 조물자의 관점에서 바라본다면 불연의 영역이 기연의 영역으로 전환될 수 있다. 인간이 조물자를 통해 그것을 주재하는 상제조화를 자각할 수 있다면, 모든 사물이 무엇에 근거해서 어떻게 생겨나고 변화하는지를 알 수 있기 때문이다.

따라서 불연기연의 이치는 "알기 쉬우면서도 알기 어렵고, 알기 어려우면서도 알기 쉬운 것"이다. 그 쉬움과 어려움의 관건은 바로 상제조화에 달려 있다. 모든 일이 상제의 주재성에 의해 이루어진다는 것을 온몸으로 체득할 수 있다면, 불연기연의 이치는 매일 아침 세수할 때에 코를 만지는 일처럼 아주 알기 쉬운 것이다. 하지만 상제조화를 제대로 체득하지 못한다면, 불연기연의 이치는 넓고 깊은 바다에 빠진 작은 바늘을 찾기처럼 아주 어려운 일이다. 이런 맥락에서 수운은 『용담유사』「흥비가」에서 "세상일은 알기 어려우면서도 쉬움이 있고 알기 쉬우면서도 어려움이 있는 줄 깨닫고 깨달을까"라고 말한다.[20]

---

19) "是故難必者, 不然; 易斷者, 其然. 比之於究其遠, 則不然不然, 又不然之事. 付之於造物者, 則其然其然, 又其然之理哉."

20) "내 말은 너무도 알기 쉽고 너무도 행하기 쉽건만, 천하에 아는 사람도 없고 행하는 사람도 없다. 吾言甚易知, 甚易行, 天下莫能知, 莫能行."(『노자』「70장」)

불연기연의 사유방식은 공부론의 측면에서도 살펴볼 수 있다. 동학 공부론의 요체는 근원적으로 상제의 가르침을 전제로 한다. 동학 공부론의 출발점은 천지만물의 변화를 주관하는 상제를 극진히 모시고 섬기는 일에서 시작된다. 그런데 서학을 포함한 유불도의 공부론의 한계점은 천지만물의 주재자인 상제의 참모습을 제대로 알지 못한다는 점에 있다. 이것이 동학 공부론이 지닌 불연의 측면이다.

그러나 '기화지신'을 주재하는 상제는 '혼원일기' 또는 '지기'를 통해 우주생명과 상호 소통하고 상호 감응하는 관계에 있다. 상제와 지기와 인간은 모두 우주생명의 기화작용을 통해 하나의 그물망의 구조를 이룬다. 따라서 인간이 마음공부와 몸공부를 통해 우주만물의 창조적 변화작용에 참여할 수 있다면 그 변화과정을 주재하는 상제와 하나로 합치될 수 있다. 이런 측면에서 보면, 동학 공부론은 누구나 쉽게 할 수 있는 것이다. 이는 동학 공부론의 기연의 차원이다.

수운은 『동경대전』 「수덕문」에서 유교와 동학은 '대동소이大同小異' 하다고 주장하면서도 "인의예지는 옛 성인의 가르침이요, 수심정기는 오직 내가 다시 정한 것이다"(「수덕문」)[21]라고 하여, 동학 공부론의 요체를 상제를 모시고 마음과 기운을 함께 공부하는 '수심정기守心正氣'로 파악한다. 따라서 동학 공부론은 결국

---

21) "仁義禮智, 先聖之所教, 守心正氣, 惟我之更定."

공부의 원천인 상제를 모시고 자신의 마음과 기운을 온전하게 발현하는 데서 완결된다고 하겠다.

이상에서 살펴본 것처럼, 수운은 불연기연의 사유방식을 통해 이 세계에 존재하는 모든 사물과 사건이 다 상제조화의 자취임을 입증함으로써 조화주 상제[천주]의 중요성을 강조하였다. 이런 측면에서 볼 때, 수운은 오랫동안 역사 속에서 잊혀졌던 상제를 재발견하였다고 볼 수 있다. 물론 수운 이전에 정약용이 상제의 중요성을 인식하였지만, 수운이 정약용과 다른 점은 한민족의 신교문화의 전통을 고스란히 이어받은 측면이다.

2) 동학 상제관의 애매성

동학의 상제관은 신과 인간의 직접적인 만남에서 출발하였다. 수운은 보통 사람들이 쉽게 만날 수 없는 초월적 상제와의 만남을 통해 그의 가르침을 직접 받는 행운과 영광을 얻었다.

> 사월에 뜻밖에도 마음이 선뜩해지고 몸이 떨려서 무슨 병인지 알 수도 없고 말로 형언하기도 어려울 즈음에 어떤 선어가 홀연히 귀에 들리므로 놀라 일어나 캐어물었다. 대답하시기를 "무서워하지 말고 두려워하지 말라. 세상 사람들이 나를 상제라 이르거늘, 네가 상제를 알지 못하느냐?"고 하셨다.(「포덕문」)[22]

---

[22] "不意四月, 心寒身戰, 疾不得執症, 言不得難狀之際, 有何仙語忽入耳中, 驚起探問, 則曰: '勿懼勿恐. 世人謂我上帝, 汝不知上帝耶?'"

공중에서 외치는 소리 물구물공勿懼勿恐하였서라. 호천금궐
昊天金闕 상제님을 네가 어찌 알까보냐.[23]

천상문답 사건은 신의 외재성의 측면을 극명하게 제시한다. 수운은 천상문답사건에서 구체적인 체험을 통해 인격성을 가지고 실재하는 초월자로서의 상제[천주]를 만나게 된다. 수운은 상제를 만나 문답을 하는 과정에서 상제의 가르침을 천명天命으로 받고 동시에 세상을 구제하는 '영부'와 '주문'을 하늘의 선물로 받는다.[24]

그러나 수운의 천상문답사건은 단순히 상제와 인간의 외적 만남으로만 이루어진다고 볼 수는 없다. 그것은 수운이 상제와의 만남을 통해 '몸의 떨림'이라는 기적 체험이 있었기 때문이다. 동아시아 사상사에서 볼 때, 수운의 상제관은 탁월한 측면을 지니고 있다. 왜냐하면 수운이 서학의 상제관을 비판하는 과정에서 기론적 사유방식의 중요성을 절감하고, 상제와 지기에 대하여 자신의 명확한 입장을 제시함으로써 신과 인간의 관계에 대한 새로운 연결고리를 제시하기 때문이다.

수운의 신관은 서양의 신관에 '기화지신'이 없다는 문제점을 제기했다는 측면에서는 탁견을 제시하였다. 하지만 수운의 신관은 상제와 지기의 이중관계에 내포된 애매성으로 인해 후대 동

---

23) 『용담유사』「안심가」.
24) 『동경대전』「포덕문」.

학 연구자들 사이에 상제관에 대한 해석을 놓고 다양한 이견이 생겨날 수 있는 논란의 여지를 제공한다. 다시 말해 수운의 신관은 상제와 지기가 하나로 연결될 수 있는 고리를 제시하기는 했지만, 따로 떨어진 구분성과 차이성의 측면은 제대로 부각되기 어려운 난점을 지니고 있다. 문제는 이런 수운의 신관을 신을 포함한 모든 생명이 역동적 생명력이라는 하나의 그물망[혼원일기, 지기, 원기, 일기] 속에서 존재한다고 보는 기화론적 세계관에 입각하여 내재화된 측면을 강조하는 것으로만 해석할 경우 상제의 주재성의 측면을 무시할 위험성이 있다는 점이다.[25]

그렇다면 수운에서 상제와 지기 사이에서 분명하게 해명되어야 할 문제점은 무엇인가? 예컨대 수운은 『동경대전』 「논학문」에서 "내 마음이 곧 네 마음이니라. 사람이 어찌 이를 알리요? 천지는 알아도 귀신은 모르니, 귀신이라는 것도 나이니라"[26]고 하고, 또 『용담유사』 「도덕가」에서 "천지 역시 귀신이요 귀신 역시 음양인줄 이같이 몰랐으니 경전 살펴 무엇하며 도와 덕을 몰랐으니 현인군자 어찌 알랴"라고 하여, 천지와 귀신과 상제를 모두 기적 변화의 측면에서 동일한 것으로 파악한다. 즉 수운에서 상제는 천지나 귀신과 마찬가지로 음양의 기화작용을 통해 자신을 드러낸다는 점에서 같은 사실을 다르게 표현한 것에 지

---

25) 박경환, 「동학의 신관-주자학적 존재론의 극복을 중심으로-」, 191쪽.
26) "吾心則汝心也, 人何知? 知天地而無知鬼神, 鬼神者吾也."

나지 않는다.

상제가 지기의 기화작용과 깊은 연관성을 지니고 있는 것은 사실이다. 왜냐하면 상제는 지기의 기화론적 작용을 주재하면서 그런 방식으로 인간을 포함한 우주만물과 서로 소통하고 감응하면서 하나로 연결되기 때문이다. 따라서 상제와 지기는 기화작용의 측면에서 서로 떼래야 뗄 수 없는 관계를 지니고 있다. 그렇다고 해서 상제가 곧바로 지기라고 말할 수는 없다. 그럴 경우 지기의 작용을 주관하는 상제의 주재성이 축소되거나 약화될 수 있기 때문이다.

이렇게 볼 때, 동학에서 상제와 지기의 관계는 따로 떨어져 있는 것도 아니고 하나로 붙어 있는 것도 아니기 때문에 양자의 관계를 해석하는 사람의 입장과 시각에 따라 얼마든지 상반된 결론에 도달할 수 있다. 수운 이후 동학의 상제관은 대체로 상제의 주재성보다는 지기의 작용성에 초점을 맞추는 방향으로 전개된다.

수운의 동학은 상제의 존재를 온 천하에 극명하게 드러내는 데 그 핵심이 있다. 그러나 수운 이후 동학의 '시천주'의 상제관은 최시형의 '양천주'를 거쳐 손병희의 '인내천'에 이르러 지기를 지나치게 강조함으로써 상제를 비인격화시키는 단계의 절정에 이른다.[27] 즉 상제와 인간의 외적 관계는 묻혀지고 오로지

---

27) 차성환, 「한국 근대화와 동학 지식인의 사고구조—동학 공동체의 신개념 변형의 사회학적 의미—」, 235-239쪽.

내적 관계로만 치달리게 된다. 이것은 "천天은 천이요 인人은 인이니 인내천人乃天이 아니니라"(『도전』 5:233:8)라는 말의 참뜻을 제대로 인식하지 못한 데서 비롯된 것이다. 문제는 '인내천'만 강조하다가 보면 상제신앙의 중요성을 경시할 뿐만 아니라 상제의 실재성조차도 부정하는 것처럼 곡해될 수 있다는 점이다.[28]

3. 증산도의 조화관

1) 동학과 증산도의 연계성

동학의 최대의 공적은 상제조화 또는 천주조화를 바탕으로 조화를 문제로 제기한 데 있다. 동학의 이상은 인간이 모든 변화를 주재하는 상제를 모시고 섬김으로써 지상신선이 되고, 더 나아가 지상에 이상낙원을 여는 데 있다.

증산도는 동학과 아주 밀접한 연계성을 지니고 있다. "내내 하고 난 것이 동학이라. 이제 천하를 도모하려 떠나리니 일을 다 본 뒤에 돌아오리라"(『도전』 10:34:2)가 바로 그것이다. 증산상제(1871~1909)는 "최제우가 유가의 낡은 틀을 벗어나지 못하였나니, 나의 가르침이 참동학이니라. 동학교도가 모두 수운水雲의 갱생更生을 기다리나 죽은 자는 다시 살아나지 못하느니라. 내가 수운을 대신해 왔나니 내가 곧 대선생이니라"(『도전』 2:94:9-11)라고

---

28) 김용휘, 『우리 학문으로서의 동학』, 141쪽.

하여, 수운을 대신해서 이 세상에 내려온 '대선생'임을 강조하고 자신의 가르침이 참동학[29]임을 강조한다.

증산도는 동학의 이상인 지상신선의 세계를 이 땅위에 건설하고 그 지상낙원 속에서 모든 사람들이 무궁한 행복을 얻게 하는 데 그 궁극적 목적이 있다. "나를 믿는 자는 무궁한 행복을 얻어 선경의 낙을 누리리니, 이것이 참동학"(『도전』 3:184:12)이다. 동학이 개인의 상제조화에 대한 자각과 실천을 통해 지상선경地上仙境을 열어가려고 했다면, 증산도는 인간의 몸으로 지상에 강세하여 삼계대권을 주재하는 상제의 조화권능에 근거하여 지상선경을 열려고 한다. 따라서 증산도는 동학의 꿈과 이상을 온전하게 실현하기 위해 등장한 것이라고 할 수 있다.

증산도는 참동학의 이상을 조화사상의 관점에서 일관되게 서술한다. 증산상제는 "모든 것이 나로부터 다시 새롭게 된다"(『도전』 2:13:5)는 놀라운 선언을 하였다. 인간을 포함한 천지만물이 증산 상제로부터 다시 새롭게 변화된다는 뜻이다. 사람과 세상뿐만 아니라 하늘과 땅도 새로워진다. 증산상제는 "이제 온 천하가 큰 병[大病]이 들었나니 내가 삼계대권을 주재하여 조화造化로써 천지를 개벽하고 불로장생不老長生의 선경仙境을 건설하려하노라"(『도전』 2:16:1-2)라고 한다. 이는 선천의 상극세상을 개벽

---

29) 여기서 '참동학'이란 수운이 꿈꾸었던 동학의 조화이상을 창조적으로 발현할 수 있는 진정한 동학이란 뜻이다.

하여 후천의 지상선경을 여는 핵심을 상제조화에 달려 있다고 보는 것이다.

참동학의 이상은 바로 조화주 증산상제를 모심으로써 인간을 포함한 모든 만물이 다같이 자신에 내재한 생명력을 온전히 발현할 수 있는 지상낙원을 건설하는 데 있다. 지상낙원을 건설할 수 있는 원동력은 모든 것을 자유자재로 할 수 있는 '조화권능'(『도전』 2:1)에 달려 있다.

> '이제 천하의 대세가 종전의 알며 행한 모든 법술로는 세상을 건질 수 없다.' 하시고 모든 일을 자유자재로 할 조화권능造化權能이 아니고서는 광구천하의 뜻을 이루지 못할 줄을 깨달으시고 수도修道에 더욱 정진하시니라.(『도전』 2:1:2-3)

증산상제는 옛 성인의 도나 가르침으로는 인류가 오랫동안 꿈꾸어 온 이상세계를 건설할 수 없고, 오로지 판 밖의 남모르는 방법으로써만 천지와 인간의 모든 문제를 근원적으로 해소할 수 있다고 강조한다.

2) 조화주와 조화권능

증산상제는 삼계대권의 '조화권능'을 발현하기 위해 수도에 전념하여 마침내 1901년 7월 7일 동서고금을 통틀어 그 누구도 꿈꾸지 못했던 조화의 대도를 열었다. "무상의 대도로 천지대신문天地大神門을 여시니 이로부터 삼계대권三界大權을 주재主宰하시고 우주의 조화권능을 뜻대로 행하시니라."(『도전』 2:11:3-4) 여기서 '천지대신문'이란 온갖 사물의 신묘한 바탕인 '신명조화의 대문'을 활짝 열었다는 뜻이다. 선천의 상극세상과 후천의 상생세상이 갈라지는 분기점이 바로 여기에서 비롯된다. 증산상제의 일생은 요컨대 '우주의 조화주'(『도전』 1:16)로서의 조화권능을 인간세상의 현실역사 속에 구체적으로 드러내는 과정이었다.

증산상제는 인간으로 강세하여 삼계대권을 주재할 수 있는 조화권능을 얻고 조화의 대도인 무극대도를 통해 앞으로 다가올 후천개벽의 프로그램을 제시하였다. 무극대도는 후천개벽의 프로그램인 천지공사의 근거이다. 무극대도는 자연과 인간과 문명을 개벽하기 위한 도이다. 이 무극대도를 가지고 새 하늘, 새 땅, 새 세상을 열기 위한 프로그램이 바로 천지공사이다.

천지공사는 개벽공사라고 할 수 있다. 왜냐하면 조화주가 삼계대권의 조화권능을 가지고 '천지조화'(『도전』 2:21:4)와 인간조화와 '신명조화'(『도전』 2:21:2)와 문명조화를 하나로 융합시킴으로써 자연질서와 문명질서를 근원적으로 변화시킬 수 있는 공사를 본 것이기 때문이다. 다시 말해 천지공사는 "우주의 조화주가 천지 변화의 조화 기틀"(『도전』 1:16:8)을 새롭게 짜기 위한 것이다.

조화주 상제는 천지공사에 입각하여 천상의 신도세계를 통일하는 '신명조화정부神明造化政府'(『도전』 4:1:3)를 구성하고 선후천

의 우주변화의 원리에 입각하여 '조화정치造化政治'(『도전』 11:172:7)
를 펼침으로서 지상선경을 만들고자 한다. 상제가 "조화정부를
세워 함이 없는 다스림과 말없는 가르침으로 백성을 교화하여
세상을 고치"(『도전』 4:16:7)려고 한 것은 "이 세상은 신명조화神明
造化가 아니고서는 고쳐낼 도리가"(『도전』 2:21:2) 없기 때문이다.
다시 말해 "크고 작은 일을 막론하고 신도神道로써 다스리면 현
묘불측玄妙不測한 공을 거둘 수 있기"(『도전』 4:5:1) 때문이다.

상제가 인간으로 강세한 것은 선천의 천존시대와 지존시대를
넘어서는 후천의 인존시대를 마련하기 위한 것이다.[30] "천존天尊
과 지존地尊보다 인존人尊이 크니 이제는 인존시대人尊時代니라.
이제 인존시대를 당하여 사람이 천지대세를 바로잡느니라."(『도
전』 2:22:1-2)

증산상제가 인간으로서 조화권능을 발현한 것은 인간이 새롭
게 거듭날 수 있다면 이 땅위에 이상세계를 건설할 수 있다는 사
실을 보여주기 위한 것이다. 또한 후천세계를 열기 위해서는 상
제도 인간의 협조 없이는 자신의 이상을 실현할 수 없다는 것을
만천하에 공포한 것이다. 달리 말하자면, 상제는 신명과 인간이
하나가 되는 신인합덕과 신인합발의 이상을 실현하기 위해 지상
에 강세한 것이다. 왜냐하면 "신인합발神人合發이라야 모든 조화

---

30) "천존天尊과 지존地尊보다 인존人尊이 크니 이제는 인존시대人尊時代니라.
   이제 인존시대를 당하여 사람이 천지대세를 바로잡느니라."(『도전』 2:22:1-
   2)

의 기틀을 정"(『도전』 11:98:9)할 수 있기 때문이다. 따라서 상제가 지상선경의 이상세계를 현실화하기 위해서는 신과 하나가 된 인간의 도움이 절실히 필요한 것이다.

그렇다면 삼계대권을 주재하여 새 개벽세상의 프로그램을 짤 수 있는 상제의 조화권능은 어디에서 비롯되는 것일까? 상제의 주재권능은 우주만물의 창조적 변화작용에 근거하여 발현된다. 여기서 창조적 변화작용이란 모든 사물이 다른 사물과의 전체적 통일성 속에서 독자적으로 변화하는 역동적 과정을 뜻한다. 상제가 우주만물의 변화작용을 주재하여 인간을 포함한 모든 사물을 근원적으로 변화시킬 수 있는 것은 모든 변화의 원천인 마음을 지니고 있기 때문이다.

갖가지 신묘한 변화는 마음에서 비롯된다. 여기서 우리가 말하는 마음은 단순히 인간의 마음만으로 한정되는 것이 아니라 우주만물이 다함께 지닌 한마음을 말한다. 한마음은 모든 '조화의 근원'(『도전』 4:100:7)이라 할 수 있다. "天^천用^용地^지用^용人^인用^용이 統^통在^재於^어心^심하니 心^심也^야者^자는 鬼^귀神^신之^지樞^추機^기也^야요 門^문戶^호也^야요 道^도路^로也^야니라." (『도전』 4:100:6)가 바로 그것이다. 마음은 온갖 변화의 기틀이자 바탕인 '신명조화'를 부리는 중추적인 역할을 수행한다.

이런 마음은 온갖 갈래를 하나로 통일시킬 수 있는 '만수일본 萬殊一本'(『도전』 2:27:5)의 '천지일심'(『도전』 8:91:6)을 뜻한다. 천지만물이 변화작용을 일으킬 수 있는 것은 바로 마음 안에 모든 것을 한 갈래로 융합할 수 있는 신묘함이 들어 있기 때문에 가능하다. 이 세계에 존재하는 모든 것은 천지만물의 한마음을 떠나서 따로 있는 것은 아니다. 왜냐하면 "일심이 없으면 우주"(『도전』 2:91:3)도 존재할 수 없기 때문이다.

천지만물   시어일심   종어일심
天地萬物이 始於一心하고 終於一心하니라.(『도전』 2:91:1)

천지지중앙   심야   동서남북   신   의어심
天地之中央은 心也라 고로 東西南北과 身이 依於心하니

라.(『도전』 2:137:2)

두 인용문은 천지일심이 우주만물을 생성하고 변화시키는 존재근거라는 점을 분명히 한다. 왜냐하면 우주만물은 한마음에 의거해서 연속적 순환작용을 반복하기 때문이다. 그러기에 "'심' 자가 천하 만사의 원줄기"(『도전』 11:67:2)라고 하고, 또한 "모든 일에 일심하면 이루지 못할 바가 없나니 천지만물과 천지만사가 일심이 없으면 불성不成이니라"(『도전』 8:58:4-6)라고 말하는 것이다.

우주만물의 변화작용은 천지일심에 의거해서 이루어지지만, 그러나 모든 변화의 현실적 원동력은 기氣다.

방탕신도   통   추지기   방야   하지기   탕야
放蕩神道는 統이니라 春之氣는 放也요 夏之氣는 蕩也요
추지기   신야   동지기   도   통   이기주장자야   방
秋之氣는 神也요 冬之氣는 道야니 統은 以氣主張者也라 방

放탕蕩 신神 도道는 천지변화의 큰 법도와 기강[統]이니라.

봄 기운은 만물을 내어놓는 것(放)이요 여름기운은 만물을 호
탕하게 길러내는 것(蕩)이요 가을기운은 조화의 신神이며 겨
울기운은 근본인 도道이니라. 내가 주재하는 천지 사계절의
변화의 근본 기강은 기氣로 주장하느니라. (『도전』 6:129: 9)

우주만물은 기의 변화를 통해 사시사철 연속적으로 순환한다.
따라서 기가 없다면 우주만물은 현실적으로 생겨나거나 변화하
는 역동적 과정을 이룰 수 없다. 그런데 중요한 사실은 우주만물
의 기화작용이 자의적으로 이루어지는 것이 아니라 우주변화의
이법을 따른다는 사실이다.

우주만물의 기화작용은 모든 사물을 생겨나게 하고 자라나게
하고 응축하고 갈무리하는 '생장염장生長斂藏'(『도전』 2:20:1)이라는
우주변화의 원리에 따라 이루어지는데, 크게 두 가지 변화과정—
생장의 분열과 염장의 통일—을 거친다. 즉 선천 상극세계의 생장과
분열의 과정에서 후천 상생세계의 통일과 수렴의 과정으로 전환
된다. 여기서 우리는 온갖 사물의 변화작용이 어디까지나 생장
염장으로 돌아가는 천지이법에 따라 이루어진다는 사실을 분명
하게 확인할 수 있다. 그런데 천지이법과 맞물려 돌아가고 있는
천지만물의 기적 변화는 신의 조화성[神明造化]과 뫼비우스의 띠
처럼 밀접한 연관성을 지닌다.

그렇다면 신과 기는 도대체 어떤 관계를 지니고 있는 것일까?

신은 내적으로는 신성을 지니고, 외적으로는 기의 변화를 통해 작용한다. "외유기화外有氣和하고 내유신형內有神靈"(『도전』 6:137:3)한 것이다. 신은 내적으로 오묘한 신성을 지니고 있기에 외적으로 어떤 일이든 하지 못하는 것이 없는 절묘한 기의 변화작용을 펼칠 수 있다. 여기서 '기화氣和'란 기적 변화작용[氣化]이 조화롭게 펼쳐진다는 뜻이다.

> 천지간에 가득찬 것이 신神이니 풀잎 하나라도 신이 떠나면
> 마르고 흙 바른 벽이라도 신이 떠나면 무너지고, 손톱 밑의
> 가시 하나 드는 것도 신이 들어서 되느니라. 신이 없는 곳이
> 없고, 하지 않는 일이 없느니라.(『도전』 4:62:4-6)

신과 기는 내외합일의 관계를 이룬다. 그런데 기가 그런 것처럼, 신도 자연이법을 떠나서 별도로 존재할 수 없다. 왜냐하면 "귀신鬼神은 천리天理의 지극함"(『도전』 4:67:1)을 지닌 것으로 천지이법의 극치를 드러내기 때문이다. 더욱 중요한 것은 신과 기와 리가 각기 따로 떨어져 있는 것이 아니라 하나로 맞물려 작용한다는 점이다. 왜냐하면 신과 기의 합일로 이루어지는 모든 변화작용은 천지이법에 따라 발현되기 때문이다.[31]

증산도에서는 우주만물을 통치하고 주재하는 상제를 '옥황상제玉皇上帝'(『도전』 2:11:12), '삼신상제三神上帝'(『도전』 1:1:4), '유불

---

31) "氣有靈하니라. 氣靈不昧하여 以具衆理而應萬事라."(『도전』 8:25:2)

遊佛'(『도전』 2:111:3), '선불仙佛'(『도전』 5:186:7), '미륵불'(『도전』 3:84:4), '개벽장開闢長'(『도전』 4:3:2), '천지의 원 주인'(『도전』 5:18:5) 등으로 다양하게 표현한다. 그러나 다양한 주재자의 호칭이 결국 인간을 포함한 우주만물의 변화작용을 주관하고 있는 조화주라는 측면에서는 동일하다.

조화주 상제는 우주만물을 조화로써 다스린다. "하늘은 말이 없지만 상제님께서 조화로써 다스리시느니라."(『도전』 11:102:7) 그렇다면 상제는 구체적으로 마음과 기운 그리고 신명과 어떤 관계를 지니고 있는 것일까? 우리는 다음의 시에서 상제의 마음과 기가 어떤 관계를 맺고 있는가를 찾아볼 수 있다. "명월천강심공조明月千江心共照요 장풍팔우기동구長風八隅氣同驅라"(『도전』 2:111:2-3) 이 시를 풀이하면 다음과 같다. 밝은 달은 온 강물을 한 마음으로 함께 비추고, 거센 바람은 온 누리를 한 기운으로 함께 휘몰고 있다는 뜻이다.

이 시는 두 가지 사실을 제시한다. 하나는 우주생명이 하나의 거대한 그물망으로 서로 얽혀 있다는 사실이다. 천지의 한 마음과 천지의 한 기운은 우주만물의 궁극적 존재근원이자 현실적 원동력이다. 모든 사물은 본래 한 마음[32]과 한 기운으로 관통되

---

32) "천지는 나와 한마음이니 사람이 천지의 마음을 얻어 제 마음 삼느니라."(『도전』 2:90:4)

33) "一氣貫通하니 萬物昭明하고 三才俱得하니 兆民悅服이라."(『도전』 2:57:3)

어[33] 있기 때문에 서로 소통할 수 있다.

다른 하나는 우주생명을 주재하는 상제의 마음과 기운을 말한다. 상제는 천지만물 그 자체로서[34] '천지일심天地一心'과 '천지일기天地一氣'를 지니고 있다. 왜냐하면 상제는 온 강물을 한 마음으로 비추는 밝은 달이나 한 기운으로 온 누리를 휘모는 거센 바람과 하나 되어 천지만물과 천지만사를 주재하기 때문이다. 천지일심 그 자체인 상제는 혼돈된 천지일기와 하나가 되어 우주만물의 변화기운 을 거느린다. "일기혼돈간아형一氣混沌看我形" (『도전』 4:143:3)이 바로 그것이다. 이는 혼돈된 천지의 거대한 한 기운에서 상제의 형체를 볼 수 있다는 뜻이다. 그렇지만 천지일기와 상제를 동일시해서는 안 된다. 왜냐하면 상제는 신도세계의 통치자로서 천지일기를 주재하기 때문이다.

하지만 상제라고 할지라도 임의대로 만물을 변화시킬 수 있는 것은 아니다. 상제는 이법과 마음과 기운과 신명과 하나가 되어 우주만물의 변화작용을 총괄적으로 주재한다.

> 나의 일은 무위이화無爲以化니라. 신도神道는 지공무사하니라. 신도로써 만사와 만물을 다스리면 신묘神妙한 공을 이루나니 이것이 곧 무위이화니라. 내가 천지를 주재하여 다스리되 생장염장生長斂藏의 이치를 쓰나니 이것을 일러 무

---

34) "나는 천지만물이니라."(『도전』 4:111:13)

위이화라 하느니라. (『도전』 4:58:2-4)

상제가 우주만물의 변화작용에 근거하여 이법[理]과 마음[心]과 기운[氣]과 신명神明을 하나로 주재하기에 아무런 작위함이 없는 조화, 즉 '무위조화無爲造化'를 통해 천지만물의 통치자가 될 수 있는 것이다. 따라서 이법과 마음과 기운과 신명은 상제의 조화성과 주재성을 중심으로 떼래야 뗄 수 없는 밀접한 관계를 이룬다.

상제의 주재 아래 우주만물의 생성과 화육을 담당하는 것은 조화원신造化元神이다. 조화원신은 조화성신造化聖神으로 달리 표현하기도 한다.

> 홀연히 열린 우주의 대광명 가운데 삼신이 계시니 삼신三神은 곧 일신一神이요 우주의 조화성신造化聖神이니라. (『도전』 1:1:2)

삼신인 조화신造化神과 교화신敎化神과 치화신治化神은 각기 우주만물을 창조적으로 변화시키고 가르쳐 변화시키며 다스려 변화시키는 창조적 신성神性이다. 이 세 가지 창조적 신성은 각기 서로 따로 존재하는 것이 아니다. 하나의 신 안에 깃들어 있는 세 가지 서로 다른 신성일 뿐이다. 그러기에 삼신은 곧 일신인데, 조화성신을 말한다.

조화신은 천일天一이고, 교화신은 지일地一이며, 치화신은 태일太一이다. 이는 우주를 구성하는 삼계—하늘과 땅과 사람—가 동일한 신성의 구조와 바탕을 지니고 있다는 말이다.[35] 다시 말해 이 세계의 모든 존재는 본질적으로 셋이면서 하나이고 하나이면서 셋을 이루는 조화신성을 지닌다.

조화성신(조화원신)은 내적으로는 원신元神으로 존재하면서 외적으로는 일기一氣, 지기至氣, 원기元氣 등으로 기화작용을 한다. 그래서 우주만물의 존재근원인 조물주가 된다. 그런데 여기서 주목해야 할 사실은 조화성신이 후천의 개벽기에 천지만물을 새롭게 거듭나게 하는 가을천지의 창조적 통일기운을 뜻한다는 점이다. '추지기秋之氣는 신야神也'(『도전』 6:14:9)라는 말처럼, 가을개벽기의 기운은 바로 신의 조화이다.

> 기유己酉 (道紀 39, 1909)년 정월에 하루는 공사를 보시며 글을 쓰시니 이러하니라. 至日天地禍福至요 氣日天地禍福氣요 今日至無忘이요 降日天地禍福降이니라 지至는 천지의 화복이 지극하다는 말이요 기氣는 천지의 화와 복의 기운이라는 말이요 금今은 지극하여 잊을 수 없다는 말이요 강降은 천지의 화복이 내린다는 의미니라.(『도전』 7:69:2)

후천의 조화세상은 상제의 주관 아래 조화성신의 기운에 의해

---

35) 안경전, 앞의 책, 244쪽.

주도된다. 선천의 상극운수를 넘어서 후천의 상생운수를 실현하는 실질적인 원동력은 바로 조화성신의 기운이다. 이 기운이 후천 개벽기에 천지만물의 생사와 화복의 운명을 결정한다. 그러기에 천지만물에 내리는 가을개벽기의 기운은 재앙과 복락을 함께 내리는 이중성을 지닌 '지극한 기운'[至氣]인 것이다.

3) 조화주의 참뜻

앞에서 이미 살펴본 것처럼, 동학과 참동학이 모두 조화주를 중시한다는 측면에서는 서로 다르지 않다. 그러나 수운은 『동경대전』「논학문」에서 '천주'의 '주'를 해석하면서 천주를 부모와 같이 섬겨야 할 존귀한 분이라는 것을 강조하면서도[36], 조화주가 정작 음양일체의 관계로 존재한다는 사실은 명시적으로 드러내지 못하였다.

조화주의 참모습이 무엇인가에 대한 논의와 관련하여 김용해의 천주해석은 매우 탁월한 시사점을 제공한다. 그의 말을 직접 인용하여 보자.

> 천은 하늘이요, 주는 접미사로 남자이든 여자이든 존경받아야 할 사람에게 붙인다. 유럽어는 성이 있어 절대자에게는 남성을 붙이는 것이 일반적인 데 비해 우리말의 천주가 반

---

36) "主者, 稱其尊而與父母同事者也."
37) 김용해, 「그리스도교와 천도교의 신관 비교」, 229쪽.

드시 남성인 것은 아니다. 동학에서는 신을 남성으로 보아
야 할 것이 아님이 명백하다. 신(한울님)은 천지, 음양, 부모
로, 즉 양성으로 공경된다.[37]

김용해의 천주해석은 동학의 조화주에 대한 새로운 안목을 열
어주고 있다. 동학의 조화주인 천주도 천지와 음양과 부모처럼
양성으로 이루어진다는 사실이다. 동학이 시천주의 시대를 선포
하여 새 조화주시대를 선포하였으나, 천주의 의미를 제대로 기
술하지는 못했다. 동학과 참동학의 결정적인 차이점이 바로 여
기에 있다.

증산 상제는 시천주에서 말하는 천주의 참뜻이 정음정양의 관
계를 지닌 '천지부모'(『도전』 7:74:1)임을 분명히 하고 있다. 천지
만물이 '독음독양'으로는 '만사불성'(『도전』 6:34)인 것처럼, 조화
주도 음양합덕의 관계를 이루어야 한다. 왜냐하면 "독음독양獨
陰獨陽이면 화육化育이 행해지지 않나니 후천은 곤도坤道의 세상으
로 음양동덕陰陽同德의 운運이기 때문이다.(『도전』 2:83:5)

상제님께서 말씀하시기를 "동학은 드는 날로부터 녹祿이 떨
어지나니 대저 녹이란 것은 곤坤에 붙어 있는 것이거늘 동
학은 '시천주조화정侍天主造化定'이라 하여 하늘에만 편중
한 까닭이요 또 '수명복록壽命福祿'이라 하지마는 수명만
길고 복록이 없으면 죽는 것만 같지 못하거늘 수명을 먼저
하고 복록을 뒤로 하는 까닭이니라. 그러므로 이제는 복록

을 먼저하라."하시며 소리 높여 외우게 하시니라.(『도전』
9:130:3-6)

동학은 하늘에만 편중하는 선천시대의 한계성을 지니고 있다.
"선천에는 하늘만 높이고 땅은 높이지 않았으니 이는 지덕地德이
큰 것을 모"(『도전』 2:51:2)르는 데서 비롯된다. 따라서 동학은 천주
의 해석에서 천덕天德만 강조하고 지덕地德을 도외시한 것이다.

4. 동학에서 증산도로

지금까지 우리는 수운의 동학에서 증산도의 참동학으로 전환
되는 길을 조화사상을 중심으로 살펴보았다. 동학과 증산도는
모두 조화사상을 그 핵심과제로 삼고 있다. 왜냐하면 동학이든
증산도이든 조화의 원천이자 근거인 상제를 모심으로써 지상낙
원을 건설하려고 했다는 측면에서는 동일한 목표를 지니고 있기
때문이다. 그러나 양자는 차이점을 드러낸다.

동학은 상제로부터 두 가지 중대한 사명을 받았다. 하나는 상
제조화를 온 천하에 알리어 상제문화를 새롭게 복원하는 일이
고, 다른 하나는 상제신앙을 통해 지상에 이상낙원을 구축하는
일이다. 동학은 상제문화의 중요성을 만천하에 드러내는 선포의
역할을 수행하였다. 동학이 오랫동안 잊혀졌던 상제문화의 회복

을 이루는 새로운 전환의 계기를 촉구하고 마련했다는 측면에서는 큰 기여를 하였다.

하지만 동학의 상제관은 상제와 지기 사이의 이중적 관계로 인하여 연구자에 따라서 상제의 초월성과 내재성의 관계를 얼마든지 다르게 해석할 수 있는 문제점을 드러낸다. 더욱 문제가 되는 것은 동학이 조화주 상제가 음양동덕陰陽同德 또는 음양합덕陰陽合德의 관계로 존재한다는 사실을 간파하지 못하였다. 모든 생명이 창조적 변화작용을 발현하기 위해서는 음양의 조화調和가 필연적인 것처럼, 조화주도 음과 양 어느 하나만으로는 변화작용을 펼칠 수 없다.

동학의 이상을 온전하게 성취하기 위해 등장하는 것이 바로 증산도이다. 증산상제는 인간으로 태어나서 삼계대권을 주재할 수 있는 조화권능을 회복하고 그 조화권능을 바탕으로 우주만물이 제각기 자신의 생명력을 온전하게 발현함으로써 지상낙원을 건설할 수 있는 참동학을 제시하였다. 증산도의 참동학이 수운의 동학과 구별되는 결정적 차이점은 바로 후천의 지상선경을 건립함에 있어 삼계대권을 지닌 인존상제로서의 조화권능에 의거한다는 점이다. 더욱 중요한 사실은 지상선경을 세울 수 있는 참동학의 열쇠는 바로 음양동덕 또는 음양합덕의 관계로 존재하는 천지부모에 있다는 점이다. 왜냐하면 천지부모의 합덕작용에서 온갖 변화가 가능하기 때문이다.

증산도의 궁극적 목표는 천지와 인간과 문명이 다같이 성공하는 '천지성공天地成功'과 '인간성공人間成功'과 '문명성공文明成功'의 새 '우주성공' 시대를 여는 데 있다. 증산도의 길은 바로 천지부모를 천지일심으로 온전하게 받들어 모시는 일에서 출발하여 후천개벽기의 험난한 여정을 무사히 극복하고 천지와 인간과 문명이 다같이 새 생명으로 거듭나는 지상선경을 건설하는 일에서 완결될 것이다.

참고문헌

경전 및 1차 자료

한국학문연구소 편, 『동경대전』, 서울: 아세아문화사, 1978.

한국학문연구소 편, 『용담유사』, 서울: 아세아문화사, 1978.

한국학문연구소 편, 『최선생문집도원기서』, 서울: 아세아문화사, 1978.

증산도 도전편찬위원회 편찬, 『증산도 도전』, 서울: 대원출판사, 2003.

천도교중앙총부, 『천도교 경전』, 서울: 천도교중앙총부출판부, 1998.

단행본

안운산, 『천지의 도 춘생추살』, 서울: 대원출판사, 2007.

안경전, 『개벽 실제상황』, 서울: 대원출판사, 2005.

김용휘, 『우리 학문으로서의 동학』, 서울: 책세상, 2007.

신일철, 『동학사상의 이해』, 서울: 사회비평사, 2007.

조용일, 『동학조화사상연구』, 서울: 동성사, 1990.

김용옥, 『도올심득 동경대전-플레타르키아의 신세계』, 서울: 통나무, 2004.

표영삼, 『동학1 (수운의 삶과 생각)』, 서울: 통나무, 2004.

김탁, 『한국 종교사에서 동학과 증산교의 만남, 서울: 한누리미디어, 2000.

동학학회 편저, 『해월 최시형의 사상과 갑진개화운동』, 서울: 모시는사람들, 2003.

미셸 콜로 저, 정선희 옮김, 『현대시와 지평 구조』, 서울: 문학과 지성사, 2003.

논문

김경탁, 「동학의 『동경대전』에 관한 연구-그 주요개념의 분석과 화합」, 『아세아연구』 41호,
　　　서울: 아세아문제연구소, 1971.

김용휘, 「수운 최제우의 아국의식과 동학의 어원적 의미-서학과 유학과의 비교를 중심으
　　　로-」, 『한민족문화연구』 제20집, 서울: 한민족문화학회, 2007.

김용해, 「그리스도교와 천도교의 신관 비교」, 『수운 최제우』, 서울: 예문서원, 2005.

박경환, 「동학의 신관-주자학적 존재론의 극복을 중심으로-」, 『동학과 동학경전의 재인식』,
　　　서울: 신서원, 2001.

박소정, 「동학과 도가사상- 불연기연의 논리를 중심으로」, 『수운 최제우』, 서울: 예문서원,
　　　2005.

차성환, 「한국 근대화와 동학 지식인의 사고구조-동학 공동체의 신개념 변형의 사회학적 의미-」, 『신학사상』 76집, 서울: 신학사상연구소, 1992.

강영한 · 황경선, 『증산상제와 참동학』, 대전: 증산도상생문화연구소, 2004.

수운水雲 최제우崔濟愚에서 선仙의 문제

황경선

1. 장생長生과 조화造化의 선仙

"유도불도 누천년에 운이역시 다했던가."(「교훈가」) 수운 최제우
는 기존의 대표적 종교 사상인 유도, 불도의 운이 다했음을 얘기
하면서 선仙을 빼놓는다. 어떤 사람은 이를 두고 수운이 그의 도
를 선으로 여기고 있기에 그렇다고 '과감한' 해석을 하기도 한
다. 또 한 분석에 따르면 동학 경전에 '선구仙句' 자가 22곳에 나
타난다.[1] 수운의 저술이 그다지 많은 분량이 아님을 고려할 때,
이것은 꽤 유의미한 빈도가 될 것이다.

특히 경신(1860)년 4월 5일, 수운을 불러 가르침을 내리는 하느
님에 의해서도 선이 언급된다. 하늘의 상제는 수운에게 자신에
겐 영부가 있는데, 그 이름이 선약仙藥이며 형상이 궁궁릉릉이요
태극이라고 말한다. 그리고 수운이 그것으로 사람을 질병에서
건지고 또 자신을 위하게 하면 그 역시 장생의 복락을 누리게 될
것이라고 약속한다.(「포덕문」)[2] 무병장생은 선의 주요한 특징을
차지한다. 이런 점들로 미루어 수운 동학의 정체성을 선으로 규
정할 수 있을까?

---

1) 송호수, 「민족정통사상의 고찰」, 66-67쪽.
2) 수운은 「논학문」에서 표현을 약간 다르지만 동일한 내용을 되풀이한다. "너는
무궁무궁한 도에 이르렀으니 닦고 단련하여 그 글을 지어 사람을 가르치고 그
법을 바르게 하여 덕을 펴면 너로 하여금 장생하여 천하에 빛나게 하리라."

이 글은 수운의 가르침이 선에 속하며, 그로써 수운은 상고 시절 우리 민족의 삶을 이끈 신교 문화에서 연원한 선맥을 계승하고 있음을 밝히고자 한다. 또한 신교 문화의 선과 수운의 동학이 함께 품었던 이상이 무엇인지를 드러내고 그 성취가능성을 전망해 보고자 한다.

이를 위해서는 선의 의미가 먼저 제시돼야 할 것이다. '선仙은 사람 인人 변에 뫼 산山 자로 이뤄져 있다. 仚이라고 쓰기도 한다. 이 글자 형태에서 선의 특성을 파악한다. 어느 경우든 하늘을 향해 솟은 산과의 관련성을 드러냄으로써 선의 상승적, 초월적 성격을 표현하고 있다.[3] 선의 초월성은 두 가지 방향에서 나타난다. 무엇보다도 앞서 밝힌 바와 같이 선은 질병과 죽음에서 벗어나는 것이다. 뿐만 아니라 선은 시공의 제약에 갇힌 인간 능력을 넘어선다. 그리하여 선은 육신을 가지고서 하늘에 오르기도 하고, 이곳에 앉아 저곳의 불을 끄기도 하고, 바람을 부르고 비를 짓는 조화를 부릴 수 있다.

즉 여기서 선은 수련에 의하여 무병장생의 생명을 누리고 천지조화의 권능을 지녀 자유자재한 삶의 경계에 이른 이상적 인간으로 규정된다.[4] 그리고 이 같은 경계는 선을 신선이라 하듯

---

[3] 또 고대에는 춤출 선僊 자를 썼다고 한다. 본래 '춤소매가 펄렁거리는 것'이란 의미를 지닌 이 글자에도 탈속의 초월적 성격이 담겨 있다. 정재서, 『不死의 신화와 사상』, 33쪽.

[4] 신선 사상에 대한 다음과 같은 설명도 선을 동일하게 이해하고 있다. "신선사상

인간의 신화神化, 또는 인간 본성[신성神性]의 회복이나 실현으로
이해된다.

따라서 수운의 도가 선도이려면, 그 안에 이 같은 장생과 조화
의 가르침이 발견될 수 있어야 한다. 과연 그에게서 그 같은 선
의 특징은 얼마만큼 확인될 수 있을까? 또 수운은 어떤 점에서
신교 문화의 선을 계승한 것일까? 또 그가 선맥에 들어서서 궁
극적으로 이루고자 한 것은 무엇일까?

이에 따라 이 글은 다음의 순서로 논의가 전개된다. 먼저 2.
신교문화에서 선의 특성에서 저 상고 시절 신교문화의 중심을
이루는 선의 특질에 대해 살펴본다. 이를 통해 제천문화와 선 혹
은 하느님 신앙과 성통공완性通功完의 조화가 주요한 특성으로
밝혀질 것이다. 이어 3. 선을 향한 수운 동학에서는 시천주 주문
에 대한 수운의 풀이를 중점적으로 다룬다. 이를 토대로 수운의
동학은 궁극적으로 사람들이 선으로 사는 세상을 열려고 했다는
점을 밝힌다. 그리고 수운에게서 선으로 이끄는 '선약'이란 천
주를 섬기는 시천주侍天主의 마음, 곧 시侍라는 점을 드러낸다.
이로써 수운이 천명天命으로 받은 도의 요체란 시천주로써 선에
이르고 동시에 선을 성취함으로써 시천주를 완성하는 것임이 분

이란 인간이, 스스로가 개발한 神仙方術에 의해서 不死의 생명을 향유하는 동
시에, 神과 같은 전능의 권능을 보유하여 절대적 자유의 경지에 優游하는 존재
가 될 수 있다고 믿는 사상이다." 도광순, 「中國 古代의 神仙思想」, 13-14쪽.

명해질 것이다.

끝으로 4. 수운 동학의 참뜻을 새기며에서는 앞선 논의를 바탕으로 먼저 수운의 동학이 신교 문화의 선맥을 얼마만큼 계승했는지 살펴볼 것이다. 이와 더불어 동방 조선의 신교 문화에서 싹트고 수운의 동학이 성취하고자 했던 선의 이상, 그 뿌리 깊은 동도東道의 이념이 무엇인지도 보다 뚜렷이 부각될 것이다.

2. 신교神敎 문화에서 선의 특성[5]

신교란 태고 시절 우리 민족의 삶과 역사를 지배한 생활 문화를 가리킨다. 그것은 하느님(삼신하느님)을 섬기고 그 뜻에 따라 살며 천지신명들을 믿는 가운데 장생과 천지조화의 자유자재한 삶을 지향하는 것을 주요한 특징으로 한다. 천신天神신앙이나 제천祭天과 선의 삶이 그것이 골자를 이뤘던 셈이다.

'신교'는 본래 『규원사화』의 "이신설교以神設敎[신으로써 가르침을 베푼다]"에서 유래한다. "내 생각에 우리나라는 신으로 가르침(神

---

5) 이 장의 논의에서는 두 가지 점이 유의돼야 한다. 첫째는 아득한 상고시절 우리 민족의 삶을 지배했던 신교 문화의 선을 살펴보는데 있어 그것을 거의 독보적으로 다루고 있는 『환단고기』와 같은 도가道家사서에 의존해야 한다는 사실이다. 도가사서란 무엇보다 신교를 우리 문화의 정수情髓로 받아들이는 입장에서 쓰인 사서들을 말한다(한영우, 「17세기의 反尊華的 道家史學의 성장」, 264쪽 참조). 둘째는 신교의 선을 파악할 때 우리는 아무런 관점이 없이 그렇게 하는 것이 아니라 선도로서의 수운 동학을 미리 내다보면서 진행한다는 점이다.

敎)을 베풀고 옛것을 쫓으니 그것이 풍속이 되어 사람들 마음이 점차 안정되었다."[6]

또한 다른 사서들에 등장하는 여러 표현들이 동일한 내용을 담고 있다. "이삼신설교以三神設敎", "이삼신입교以三神立敎", "상봉천신上奉天神 접화군생接化群生"(이상 「태백일사」), "개천입교開天立敎", "제천위교祭天爲敎"(이상 「삼성기」), "이신시교以神施敎"(「단군세기」) 등.[7]

신교[以神設敎]가 신시 배달 시대부터 있었다고 밝힌 『규원사화』는 선교仙敎가 거기서 비롯됐다고 한다. 이로써 신교 문화에서는 천신 신앙과 신선 사상 혹은 제천 문화와 선이 별개의 것이 아니었음을 드러내고 있다. 신교 문화는 흔히 선仙으로 특징지어지기 하고, 또 신교는 달리 "선도仙道", "선교仙敎", "고신도古神道", "풍류도" 등으로 호명되기도 한다. 이런 규정이나 개념들 또한 한결같이 일차적으로 하느님 신앙을 중심에 둔 선을 뜻할 것이다. 아래의 기록들은 그로부터 시작되는 선에 관해 다양하게 증언하고 있다.

---

6) 북애, 『규원사화』, 54쪽.

7) 이밖에 『주역』에 "성인이신도설교聖人以神道設敎"라고 하여, 성인이 하느님의 도를 가지고 가르침을 편다는 언급이 나온다. '이신설교'나 '이신도설교'는 '신으로써 가르침을 베푼다', '신의 가르침으로써 세상을 다스린다', '신을 인간 생활의 중심으로 삼는다'는 폭넓은 의미를 갖는다. 신교에 대한 보다 자세한 설명은 안경전, 『개벽 실제상황』, 특히 3부 1장 동서문화의 뿌리, 신교 참조.

"처음에 환인이 천산에 살 때 도를 깨달아 오래도록 살고 몸을 다스려 질병이 없었다."(「태백일사」)[8]

"(환웅께서) 삼칠일(21일)을 택하여 천신에게 제사지내고 바깥일[外物]을 금기하여 삼가 문을 닫고 수도하시니, 주문을 읽고 서원을 세워 공덕을 이루시고, 선약을 드시고 신선이 되셨으며, 괘卦를 그어 미래의 일을 아시고, 천지조화의 비밀을 깨쳐 신명을 부리셨다 [執象運神]"(「삼성기」)

"태우의환웅太虞儀桓雄이 있는데 사람 가르치기를 반드시 묵념과 청심과 조식調息과 보정으로 하니 이는 곧 장생구시長生久視의 술법이다."

"치우천왕이 이에 곧 삼신[天]에게 제사를 드리고 맹세하여 천하의 태평을 고유하였다…치우천왕은 짙은 안개를 일으키고 물과 불을 몰아내며 도술道術의 마루宗가 되어 바람과 비를 불러내며 만신萬神을 부를 수 있으니"(이상 「태백일사」)

"단군은 장당경에 갔다가 아사달에 다시 돌아와 산신이 되었다."(『삼국유사』)

"평양은 본디 선인仙人왕검王儉이 살던 곳이다."(『삼국사기』)

"[4세 단군 오사구께서] 10월 겨울에, 북쪽을 순수巡狩하고가

---

8) 이하에서 소개되는 『환단고기』 국문 인용문들의 경우 「삼성기」, 「단군세기」, 「북부여기」의 기록들은 안경전 역주, 『삼성기』 ; 『단군세기』 ; 『북부여기』에서 그리고 「태백일사」의 그것들은 단학회 연구부, 『환단고기』에서 옮긴 것이다.

돌아오는 길에 태백산에 이르러 삼신三神에게 제사지내고 영험한 약초를 얻으셨다. 이것이 곧 인삼이며, 선약仙藥이라고도 불렸다."

"오랫동안 선인仙人의 나라에 살면서 기쁜 마음으로 선인 나라 백성되었네."(푸른 도포를 입은 한 노인이 17세 단군 여을께 올린 찬미의 노래 중에서)

"재위 원년 경술(庚戌: BCE 971)년에 해모 단군[28세]께서 병이 나자 백의를 입은 동자白衣童子로 하여금 하늘에 기도를 하게 하니 곧 나으셨다."(이상 「단군세기」)

"『전한서』에...천제[해모수]가 다섯 마리 용이 끄는 수레를 타고 홀승골성으로 내려와 도읍을 세우고 왕이라 일컬으며 국호를 북부여라 하였다."(『삼국유사』)

"임금[6세 단군 고무서]께서는 태어나면서부터 신령스러운 덕을 갖추시어 능히 주술呪術로써 바람을 부르고 비를 내리게 하시며[呼風喚雨], 자주 곡식을 풀어 백성을 구휼하시니 민심을 크게 얻어 '소해모수小解慕漱'라는 칭호가 붙게 되었다."(「북부여기」)

"왕[고구려의 시조 추모왕]께서는 황룡을 타고 하늘로 올라가셨다."(『광개토대왕비』)

인용문 가운데 등장하는, 환인, 환웅, 단군은 우리 민족의 시원 국가를 연 국조國祖로서 국조삼신三神[聖]으로 불린다. 이들은 정치적 군장이면서 동시에 하늘에 제사하는 제천 의례를 주관하

는 제사장이다. 나아가 그들 자신 신이 되어 제사와 숭배의 대상

이 되었다. 이들은 또한 장생과 조화의 선이었으며, 선의 이념으

로 다스림을 폈다. 한편 해모수와 추모왕에 대한 기사에 나오는

용은 운신을 임의로 하고 바람을 부르고 비를 내리게 하는 등 조

화를 짓고, 탈속의 승천을 통해 선의 경계로 이르게 하는[羽化登

仙] 등 선의 상징성을 지녔다.[9] 또 "하늘"은 하느님이나 하느님

이 머무는 신의 나라, 신향神鄕을 의미한다. 여기서도 제천이나

하느님 신앙, 곧 하느님을 섬기는 시천주와 선의 밀접한 관련성

을 읽을 수 있다.[10]

옛 문헌들에서 단군 왕검이 선인仙人이나 신인神人으로 불리고

있음은 그 점을 반증해 주는 또 다른 사례로 꼽힌다.[11] '선인'과

'신인'의 혼용은 단군 자신이 제사장, 즉 천제를 계승하고 그를

섬기는 신인이면서 장생불사의 선인이란 점에 기인하는 것으로

---

9) 또 일설에 의하면 용의 옛 이름인 미리에 선의 의미가 담겨 있다고 한다. 이에
   따르면 미리는 미시未尸로 적는다. 尸는 이두에 리로 발음된다고 한다. 그런데
   미시는 시신屍身이 아니란 말이니 장생불사란 선의 의미를 품고 있다는 것이
   다. 변찬린, 「僊(仙) 攷」, 268-269쪽.

10) 민영현은 "한국문화의 시원始原에서 발현된 '선仙'은, 무신교巫神敎의 종교적
    현실성과 선도교仙道敎의 인본적 철학성이라는 일련의 이중적인 사상적 특성
    을 지니며 전승되어 왔다."고 밝히면서 관련된 여러 주장들을 각주로써 소개
    하고 있다. 민영현, 「수운동학과 선」, 199-200쪽. 이런 견해들은 크게 보아
    이 글과 유사한 관점에서 신교의 선을 파악하고 있는 것으로 보인다.

11) 예컨대 앞서 인용한 『삼국사기』에서는 단군이 '선인'으로, 또 『세종실록』, 『동
    국통감』 등에서는 '신인'으로 표현된다.

이해돼야 한다는 것이다. 단군은 곧 종교적으로는 신인이나 봉신封神의 제사장이면서 수련적인 면으로는 선인이었던 것이다.[12] 왜 이렇듯 신교 문화에서는 제천과 선이 불가분의 관련을 맺고 있는 것으로 나타나는 것일까? 이에 대한 해답은 이후의 논의에서 자연스럽게 드러나게 되리라고 본다.

이 같은 선의 특징은 선에 이르는 길로서 성통공완의 이념이 제시됨에 따라 다시금 세분화된다. 보다 구체적으로 말해 하느님을 섬기는 시의 길은 성통과 공완으로 이뤄졌음이 드러난다. "너희 무리는 오로지 하늘이 내려 주신 법을 지켜 모든 선을 돕고 만 가지 악을 없애 성性이 통하고 공이 이루어지면 하늘에 이를 것이다."[13] 신시 배달의 유업을 이어받아 조선을 세워 신향을 재건한 단군의 가르침이다.

성통은 '자신에게 품부된 본성을 통한다, 틔운다'는 말이다. 그런데 그 본성은 가능성으로 혹은 이상으로 주어진 것이기에 성통은 그것을 성숙시키거나 현실화시키는 일이 된다. 또 본성은 대개는 우리에게서 숨겨져 있거나 멀어져 있다. 그런 의미에서 보면 성통은 그것을 열어 밝히고 회복하며, 새롭게 되찾아 거

---

12) '단군'이란 용어 자체가 제천과 선의 의미를 지녔다고 보기도 한다. 이능화의 『조선도교사』에 따르면, 단군은 단을 모으고 하늘에 제사지내는 제사장을 가리키는 동시에 동군東君 등과 같이 선가仙家에서 쓰던 용어로서 선 또는 신의 의미를 지닌다.

13) 북애, 『규원사화』, 77쪽.

기서 벗어나지 않는 일을 뜻한다. 그리고 공완은 밖을 향해 공덕을 완수하는 것인데, 그 공덕이란 인간이 마땅히 해야 할 과업을 의미한다. 이에 따라 성통공완의 가르침은 기도나 수련 등의 수행을 통해 참된 본성을 깨닫거나 되찾고 인간의 도리를 다하는 공덕을 마쳐야 한다는 것을 말한다. 그랬을 때 선의 삶을 얻고 "하늘에" 이른다는 것이다.

이때 성통과 공완은 서로 상대의 완성을 위한 전제가 되는 방식으로 짝을 이룬다. 공덕이 진정으로 이루어지려면 성통, 즉 본성의 깨어남이 전제돼야 할 것이다. 참 마음에서 선업善業의 바른 실천이 가능할 것이기 때문이다. 동시에 본성을 여는 일은 공업을 성공적으로 완수할 때 비로소 결실을 맺게 될 것이다. 그리하여 성통은 공완의 바탕으로서 그리고 공완은 성통의 목적으로서, 성통과 공완은 서로를 포함하는 것이다.

이렇게 볼 때 이제 신교 문화에서 선의 성취는 시천주와 성통의 수행 그리고 공덕의 완수란 세 가지의 전일적 조화에 있는 것으로 규정된다.[14] 이를 보다 구체적인 문맥 안에서 확증해 보자.

---

14) 『한국선도의 역사와 문화』에서는 선도문화가 종교적 측면, 곧 신교와 수련선도란 두개의 얼굴을 갖고 있다고 하면서 세 측면을 얘기한다. 제천과 기도 및 수련 그리고 남을 돕는 정신이 그것이다. 선도문화연구원 편, 『한국선도의 역사와 문화』, 278쪽. 이 또한 한국 선의 고유함에 대한 우리의 견해와 다를 바 없는 것으로 이해된다. 한편 차주환 교수는 한국 신선 사상의 핵심을 "唯一神 信仰과 性通功完하여 天界로 올라가 神鄉으로 돌아가는 데에 두어져 있다"(차주환, 「韓國 道教의 共同體觀」, 9쪽)고 밝힘으로써 선이 지향하는 신향을 천상에 있는 신의 고장으로 파악한다.

우리의 선 문화를 전하고 있는 도가사서들에 따르면, 인간을 비롯한 우주 만물의 본체를 이루는 것은, 삼신으로 불리는 우주 신성이다. 대자연의 순수 영기와 같은 삼신이 천지만물의 공통된 한 근원, "영구 생명의 근본"(『태백일사』)이 되는 것이다. 삼신은 곧 "천지만물의 조상"(같은 책), '천지부모'인 셈이다.

이 조물자가 삼신이라고 칭해지는 것은 일신一神이면서, 생을 짓는 조화造化, 길러내는 교화敎化, 다스림의 치화治化 란 세 가지 창조방식으로 작용하기 때문이다. 삼신은 "곧 천일·지일·태일의 신들이니 한 뿌리의 기운이 스스로 능히 움직임을 이루어 조화·교화·치화의 신이 된다."(같은 책) 그것은 곧 만물이 생겨나고 자라고 성숙되는 존재의 전 과정을 이끄는 것이다.

천지에 창창한 삼신은 하늘, 땅, 인간을 꿰뚫는 한 뿌리의 기운[一氣]로서 허虛하고 공空한 것이다. "신은 곧 기운이고 기운은 곧 허이며 허는 곧 한一이다."(같은 책) 그렇지만 삼신은 천지조화의 근본 힘으로서 모든 것에 관여하지 않음이 없고 명하지 않음이 없는, 신령한[靈] 것이다. 그것은 곧 허령虛靈하다.

삼신으로부터 품부 받은 본성을 세 가지 참된 것[三眞], 성性·명命·정精이라고도 한다. 이는 곧 만유 안에 참 생명[衷]으로 내려앉은 우수 신성이 되겠다. 특히 인간은 그 밖의 다른 것들이 치우치게 받는 것과는 달리 옹글게 품부 받았다. 만물 가운데 인간이 가장 귀한 존재로서 신이 머무는 터전이 되는 것은 그 때문이다. "도가 하늘에 있음에 이것이 삼신이 되고 도가 사람에게 있으니 이것이 삼진이 되나니 근본을 말하면 하나가 될 뿐이다." (「같은 책」)[15]

이에 따라 우리가 본성을 틔우는 것[성통]은 성·명·정을 온전히 하여 내 안에 심어진 신성을 되찾는 것을 의미한다. 그리하여 삼신, 즉 우주 한 생명인 신령한 기운에 하나로 화하는 것이다. "참성품[性]은 선하여 악이 없으니 상철上哲이 통달하여 막힘이 없고 참목숨[命]은 맑아서 흐림이 없으니 중철中哲이 다 알아서 미혹함이 없고 참정기[精]는 후厚하여 박薄함이 없으니 하철下哲이 잘 보전하여 이지러짐이 없으니 참한 데로 돌이키면 한가지로 삼신이 되느니라."(같은 책) 이로써 성통은 지극히 신을 향하여 그것과 하나 되는 것이라고 규정할 수 있다. 말하자면 성통은 모심과 섬김의 시侍로써 수행되는 것이다. 신교 문화에서 제천 의례가 "사람을 위하는 것으로 근본을" 삼는[祭天之儀 以人爲本], (「단군세기」) 까닭이 여기에 있다.

신교 문화의 선은 이 같은 성통이나 시에 이르기 위한 공부로 지감止感, 조식調息, 금촉禁觸의 삼법 수행을 가르친다. 신으로부터 받은 세 가지 귀한 것인 성명정은 육신을 뒤집어쓰면서 현실

---

15) 그에 앞서 고주몽 성제聖帝는 다음과 같이 밝힌다. "삼신이 모든 사람들을 하나의 같은 모습으로 만들어 세 참을 고르게 주니 이에 사람이 삼신을 대신하여 능히 세상에 우뚝 서게 되었도다."(「태백일사」)

적으로 심心 · 기氣 · 신神의 삼망三妄으로 나타난다. 여기에는 각기 선과 악, 맑고 흐림, 후함과 박함의 나뉨이 있다. 대개의 사람들은 본래 주어진 삼진에서 벗어나 삼망을 좇는다. 그들은 그 가운데 휩싸여 헤매다가 늙고 병들고 죽는 괴로움에 빠지기 마련이다. 삼법 수행은 이 그릇된 길로부터 돌아서 참됨으로 나아가는 것이다. 지감, 조식, 금촉은 각기 느낌을 그치고 숨을 고르게 하고 부딪힘을 금하는 공부로서 우리로 하여금 참된 성 · 명 · 정을 되찾게 해준다.

여기서는 삼법 수행에 대해 자세히 언급하는 대신 그 수행의 요체가 잘 담긴, 다음의 말을 소개하는 데 그친다. "반드시 묵념默念하여 마음을 맑게 하고 호흡을 고르게 하고 정기를 보전하면 이것이 늙지 않고 오래 사는 방법이니라."(「태백일사」 참조) 삼법 수행의 기틀을 마련한, 신시 배달의 5세 태우의 환웅의 말이다.

그런데 흥미로운 사실은 삼신이 "한 뿌리의 양기良氣"(같은 책)로서 천지조화의 바탕자리를 이루는 신성일 뿐 아니라 또한 세상일을 다스리며, 인간의 기도에 감응하고, 제사를 받는 인격신으로서 모습을 드러낸다는 점이다. 삼신은 "하늘나라에 살며"(같은 책) "대권능의 조화權化로 만물을"(「삼성기」) 만들고, 오제五帝나 오령五靈 등 "신의 힘을 행사하여 세상일을" 다스리며(같은 책), 비를 내려 주고 황충을 멸해달라는 기원을 받으며(「단군세기」), 기쁨과 싫어함의 감정을 지닌(「태백일사」) "한 분 상제"(같은 책)로도 나타나는 것이다.[16] 그는 "하늘의 주재자主宰者"로서 "태양을 의상儀象으로" 하며 "화복 보응禍福報應을 정의正義로"(같은 책) 삼는 자다.[17] 이 같은 의미의 삼신에 대해서는 곳에 따라 상제 이외에 "제帝", "천신天神", "삼신상제", "삼신일체상제"란 말 등이 쓰이기도 한다.

이로써 신교 문화에서 삼신은 비인격적인 우주 신성과 동시에 인격신인 주재자 상제를 가리키고 있음을 알 수 있다. 삼신은 우리의 본성으로 내재한, 가장 가까이 있는 신성을 의미하는 동시에 주재자로서 우주 만물을 통어하는, 가장 멀리 있는 신을 가리키는 것이다.[18] 이는 천지만물을 낳는 우주의 조화성신인 삼신과 온 우주를 다스리는 상제가 이위일체의 조화를 이루는 것으로 이해되고 있음을 말해 준다.[19]

---

16) 인격신의 정체에 대해서는 문헌에 따라 의견이 둘로 나뉜다. 어떤 경우는 일신一神을 환인으로 표현하고, 다른 경우는 그 신을 천상에 따로 존재하는 신으로 보면서 환인을 태고의 군장으로 밝힌다. 신교문화에서 신관의 특성을 규정짓는 논의에서 한 분 인격신이 누구냐가 결정적으로 중요한 것 같지는 않다.

17) 『환단고기』에서 신은 천天, 천신天神, 제帝, 삼신三神 등 다양하게 호칭된다. 여기서는 '삼신'이 명시적으로 등장하는 기술만을 고려했다.

18) 특히 「삼일신고」에서는 두 궁극자가 각기 다른 장에서 독립되어 다뤄진다. 즉 1장 허공虛空은 "어디나 있지 않은 데가 없으며 무엇 하나 싸지 않은 데"가 없는 것을, 2장 일신一神은 "하늘나라에 계시며 무수한 세계를 주재主宰"하는 신을 각각 설명하고 있다. 「천부경」의 무와 일도 그 같은 관점에서 파악돼야 할 것으로 보인다.

19) 인격적 실재와 비인격적 실재가 조화된 "이중적 양면성"을 한국 선의 특징으로 이해하면서 다음과 같이 주장되기도 한다. "도교는 고구려 망국의 원인이

이제 성통의 의미 또한 다음과 같이 풍부해진다. 성통은 참된 본성을 되찾아 비인격적인 실재인 삼신에 화하는 가운데 인격신 상제를 모시는 것이어야 한다. 다시 말해 성통은 상제를 모심으로써 천지생명인 신성과 합일하는 것이자 그 하나 된 마음자리에서 상제를 모시는 것이어야 한다. 그렇다면 성통은 두 궁극자가 조화를 이루는 중심中心 자리가 될 것이다.

그리고 성통은 앞서 밝힌 성통공완의 정신에 따라 공덕의 수행으로 이어져야 한다. 성통과 공완은 합치돼야 한다. 신교 문화에서 공덕은 홍익인간, 즉 널리 인간을 이롭게 하는 것으로 귀결된다.[20] 홍익인간의 이념은 인간 세상을 구하기를 원하던 환웅의 뜻을 알고 널리 인간을 이롭게 할 터전을 골라 그를 내려 보낸 환인에서 발원한다. 그 이래로 그것은 나라를 다스리는 통치 원리와 종교적 제의의 수행 규범 그리고 교화의 이념이 되었다. 그것은 종교와 정치, 일상 삶을 이끄는 생활 원리로서 신교 문화에 뿌리내렸던 것이다. 홍익인간을 실천하는 공덕이 성통의 바탕 위에서 올바로 이뤄지고, 또 그를 통해 성통이 비로소 온전함을 얻을 때, 성聖과 속俗, 종교와 정치, 이론과 실천이 겸전되고

되었으며, 기독교의 전래 이후 20년이 못되어 나라를 일본에 빼앗기고 말았다. 그 이유를 우리는 이 두 종교가 한국 선맥이 지닌 이중적 양면성을 파괴했기 때문이라고 할 수 있다." 노태구, 「동학의 무극대도와 통일」, 376쪽.

20) 다음의 견해는 홍익인간을 최상의 덕목으로 밝히고 있다. "본질적으로 단군신화의 의미 자체도 오직 인간 이로움에 있었으며, 그 인간 이로움이 바로 선善인 것이다." 민영현, 「수운동학과 선」, 217-218쪽.

일치될 것이다.

이처럼 성속과 정종政宗의 중심에 놓인 홍익인간은 단지 인간을 널리 이롭게 하라는 형식적 규범에 그치는 게 아니다. 그것은 선에 이르게 하는 것을 궁극적인 지표로 삼는다. 그런데 인간을 참으로 이롭게 하는 혹은 사랑하는 일이란 그로 하여금 본래 되어야 할 모습으로, 즉 제 본성을 온전히 실현한 이상적 인간으로 살도록 돕는 것이다. 그리고 인간에게 그 이상은 선의 삶이다. 이에 따라 홍익인간의 과업은 인간으로 하여금 선의 삶을 살도록 상생의 공덕을 펴는 일이 된다. 신시 배달의 환웅이 인간을 위해 한 것도 그들을 가르쳐서 장생을 구하도록 한 일이다. 그리하여 홍익인간의 명법은 본성을 밝혀 우주 한 생명인 삼신과 하나 되는 가운데 하느님을 섬기는 성통의 바탕 위에서, 모두가 선이 되어 동귀일체同歸一體하는 선경세상을 건설하는 공덕에 나서도록 요구한다.

그 상생의 선업을 완수했을 때, 이윽고 인간 성숙의 경계에 들어서 장생과 조화의 삶을 누리는 선의 성취와 복락이 주어진다. "하늘을 공경하고 백성을 사랑하여라. 그리하면 너희들은 복록이 무궁하리라."(「단군세기」) "오직 참된 성품을 트고 모든 공덕을 잘 닦은 이라야 나아가 길이 쾌락함을 얻느니라."(「태백일사」) 끝없는 복록과 길이 쾌락함은 "나고 자라고 늙고 병들고 죽는 동안의 괴로움"에서 벗어나고 "큰 조화造化를" 부리는(같은 책) 선의 삶에 있음에 분명하다. 이로써 신교 문화에서 지향하는 선은 수련을 통해 힘겹게 얻어지는 것이면서 동시에 공완의 과실果實로 주어지는 것임을 알 수 있다.

이제까지 옛 신교 문화의 선이 지닌 특성과 그 이상에 대해 살펴보았다. 신교의 선은 일차적으로 시천주와 선의 조화가 특징이었다. 하느님을 섬기는 시천주를 통해 비로소 선에 이를 수 있으며, 동시에 선이 됨으로써 시천주는 온전해진다는 것이다. 또한 성통공완의 원리에 따라 시천주는 성통에 갇혀서는 안 된다. 성통은 밖으로 홍익인간의 과업을, 다시 말해 인간을 선으로 이끄는 상생의 공덕을 완수하는 실천으로 나아가야 한다. 이로써 신교 문화의 선이란 시천주와 성통과 공완의 조화 속에 구해지는 것으로 파악된다. 이는 다시 다음과 같은 말로 통일된다.

"일신강충一神降衷하고 성통광명性通光明하니 재세이화在世理化라야 홍익인간弘益人間이라." 천지 조화신[一神]이 선악에 치우치지 않는 참 마음자리[衷]를 주어 성품은 광명을 통하게 하고[性通光明], 세상을 이치로 다스려[在世理化] 널리 인간을 이롭게[弘益人間]하노라.(「단군세기」)"[21] 이 또한 신시 배달로부터 단군 조선에 전해진 가르침이다.[22] 이제 이것을 배경 삼아 수운의 동학을 살펴보기로 하자.

---

21) 안경전, 『개벽 실제상황』, 208쪽.
22) "도道로써 삼신을 섬기고 덕德으로써 나라를 도탑게 할 수 있어야 천하에 할 말이 있다고 나는 생각한다."(「태백일사」) 고구려 장수 을지문덕의 당찬 결의는 그 같은 가르침에 따라 선의 성취를 다짐하는 것일 터이다.

3. 선仙을 향한 수운 동학

1) 시侍와 지기至氣와 천주

입도한 세상사람 그날부터 군자되어 무위이화 될것이니
지상신선 네아니냐.(「교훈가」)

신교문화에 연원한 한국 선도가 시간이 흐르면서 민간 신앙이
나 풍속으로 통속화되고 그 참 모습이 희미해질 때, 수운은 선을
내세우며 선맥의 계승자로 역사의 전면에 등장한다.[23] 수운은
얼마만큼 신교의 선을 계승한 것일까? 그보다 먼저 그의 도가
선에 속한다는 것이 밝혀져야 한다. 그러려면 그의 가르침 안에
서 무병장생과 천지조화란 선의 특질이 발견돼야 한다.

앞서 신교 문화에서 선에 이르게 하는 것, 말하자면 '선약'은
시천주와 성통공완으로 나타났다. 이 장의 논의를 주도하는 실
마리는 수운에 있어서는 그 '선약'이 무엇으로 나타나는가 하는
점이다.

이 같은 관점 아래 「논학문」에 실린 시천주 주문에 대한 수운
의 풀이를 중심으로 논의를 전개한다.[24] 이때 주로 다뤄지는 것

---

23) 다음과 같은 시도도 그 같은 전제 위에 있다고 할 수 있다. "그래서 우리는 동
학에서 선층의 실체를 찾아 나서게 된다. 그리고 그 이전에 한국 선맥의 줄기
를 찾아보는 것은 동학을 이해하는 데 도움이 될 것이다." 노태구, 「동학의 무
극대도와 통일」, 381쪽.

24) 시천주주는 강령 주문인 "지기금지원위대강至氣今至願爲大降"과 본 주문인

은 시와 지기, 조화造化와 만사지萬事知 개념이다. 시 자에 대한 설명으로부터 출발해보자.

시는 '모시다', '섬기다'는 뜻이다. 그것은 ~(으)로 향해 있음, ~(으)로 마음을 모아 받들며 지킴, ~(으)로 집중이란 성격을 갖는다. 그렇다면 시는 어디로 향해 있는가? 수운에게서 시란 시천주의 시인 만큼 그 대상은 의당 천주가 되어야 할 것이다. 그래서 시에 대한 풀이에서 당장 천주에 대한 언급이 나오기를 기대하지만 찾아볼 수 없다. 이는 수운이 주문 풀이를 통해 세상 사람들이 상제라고 이르는 천주에 대해서가 아니라 천주를 모시는 시에 관해 말하려 한다는 점을 시사한다. 그는 시란 무엇이며 어떤 게 바른 시인지, 또 시를 통해 무슨 일이 벌어지는지 알려 주려는 것이다.

시에 대한 수운의 설명은 다음과 같다. "'시侍'라는 것은 안에 신령이 있고 밖에 기화가 있어서[內有神靈 外有氣化] 온 세상 사람이 각각 알아서 옮기지 않는[一世之人 各知不移] 것이요." 그렇다면 앞에 나온 '안으로 신령하고 밖으로 창창하게 기화하는 것'은 시와 관련 무엇을 의미하는 것일까? 여기서는 그것을 수운이 지

"시천주 조화정 영세불망만사지侍天主造化定永世不忘萬事知"로 이뤄져 있다. 모두 21자인 이 주문의 뜻은 해석자마다 조금씩 상이하지만, 대략 '지극한 기운이 이제 크게 내리기를 기원합니다. 천주를 모시며 조화를 정하고 만사를 알게 되는 큰 은혜를 영세토록 잊지 못합니다'라는 뜻으로 이해하면 크게 틀림이 없을 것으로 본다.

기라고 말한 천지생명으로 이해한다. 따라서 우선 지기가 무엇인지 더 살펴볼 필요가 있다.

수운은 지기에 대해서 이렇게 설명한다. "'지至'라는 것은 지극한 것이요 '기氣'라는 것은 허령이 창창하여 일에 간섭하지 않음이 없고 일에 명령하지 아니함이 없으나, 그러나 모양이 있는 것 같으나 형상하기 어렵고 들리는 듯 하나 보기는 어려우니, 이것은 또한 혼원한 기운이요."

수운은 기를 모양이 있는 것 같으나 형상하기 어렵고 들리는 것 같으나 보기는 어려운 것이라고 말하고 있다. 이는 기란 유형의 사물들과 같은 방식으로 또는 같은 의미로 있지 않다는 것을 의미한다. 기는 이런 저런 유형의 것들에 비하면 오히려 없는 것이다. 기는 곧 허虛하다. 그런데 기는 허하면서, 아니 허한 까닭에 만사와 만물을 관통하며 온갖 변화를 이끄는 근본 힘으로 작용한다. 이와 같이 조화의 공능을 지녔기에 신령[靈]하다. 온갖 동식물, 산, 흙, 물, 사람, 귀신 등 모든 존재하는 것들은 그 허령한 한 기운과 한 줄기로 통해 있다. 그 한 기운은 모든 것이며 모든 것은 그 하나다.

물론 이러한 설명은 지기에 대한 것으로는 아직 부족하다. 수운은 단순히 기라 하지 않고 '지극한'(至)이란 최상의 부가어로 기를 형용하고 있기에 그렇다. 기로되 지극한 기운으로서의 기라는 것이다. 여기서 유의해야 할 것은 그 지기를 일러 "이것은 또한 혼원한 한 기운"이라고 표현하고 있는 점이다. 혼원한 한 기운이라 함은 우주 시원에 만물 화생의 본원을 이루고 있는 음양 미분의 혹은 음양 혼돈의 원초적 생명 기운을 말할 터다.

그러고 보면 수운은 결국 이렇게 말하고 있는 셈이다. 이제까지의 기와는 다른 지극한 기운이란 사실은 우주 본래의 혼원한 기운이다. 다시 말해 지금[今至]에 이르러 크게 내리는 지기는 새로운 기운이로되 가장 오랜 것이며 시원의 생명 기운과 한 기운이로되 전혀 새롭다는 얘기다. 그것은 본연의 참됨을 되찾은 것으로서 천지와 인간 삶을 혁신하는 새 기운으로 규정할 수 있을 것이다.

온갖 변화를 주도하는 지기는 무질서하고 맹목적인 충동이나 힘이 아니다. 그것은 고유한 이치를 지녔다. 위의 설명에서 '일에 간섭하지 아니함이 없다'는 것은 기의 편재성이나 보편성을 말한다. 반면 '일에 명령하지 아니함이 없다'는 것은 모든 사물과 사건을 그렇게 있도록 하는 기의 규정성을 가리킨다. 다시 말해 기란 변화의 뭇 이치를 갖추고 있다는 말이다.[25]

나아가 기는 본성에서 보면 신이다. 천지에 창창한 기란 무형의 조화기운으로서 어디나 있고 하지 않음이 없는 신이다. 이를

---

[25] 수운으로부터 동학의 법통을 이어받은 해월 최시형(1827-1898)은 리와 기에 대해 이렇게 말한다. "기운은 곧 이치라 어찌 반드시 나누어서 둘이라 하겠는가. 기란 것은 조화의 원체 근본元體根本이요, 이란 것은 조화의 현묘玄妙" (「천지리기」)다.

두고 기는 신의 외화外化라고도 말할 수 있고, 또 신은 기를 탄다고도 표현할 수 있겠다. 한 동일한 것[천지 생명]이 그 내밀한 본성에서 보면 신이고, 밖에서 보면 기란 것이다[內有神靈 外有氣化].[26] 기와 신(삼신)의 관계에 대한 『환단고기』의 「태백일사」에 있는 다음과 같은 설명은 동일한 사태를 말하고 있다. "대저 살아 있는 것들의 본체는 이 한 뿌리의 기운이요 한 뿌리의 기운이란 안으로 삼신이 있음이요 슬기의 근원 또한 삼신에 있음이요 삼신이라 함은 밖으로 한 뿌리의 기운을 감싸고 있음이다(一氣者 內有三神也 智之源 亦在三神也 三神者 外包一氣也)." 요컨대 기는 신의 집인 셈이다. 이런 입장에서 '내유신령하고 외유기화하는 것'을 모든 사물과 인간의 바탕자리를 이루는 한 뿌리의 기운인 지기로 받아들이는 것이다.

이밖에 천주와 관련하여 지기에 대한 중요한 규정이 내려질 수 있다. 수운에게서 천주란 천지 변화를 맡아 다스리는 주재자로 이해되고 있다. "저 옛적부터 봄과 가을이 갈아들고 사시가 성하고 쇠함이 옮기지도 아니하고 바뀌지도 아니하니 이 또한 한울님[천주] 조화의 자취가 천하에 뚜렷한 것이로되..."(「포덕문」)

---

26) 혹은 신령이 체體라면 기화는 용用이라고 말할 수 있다. 김지하는 체용의 관점에서 내유신령內有神靈의 신령神靈과 외유기화外有氣化의 기화氣化가 서로 향하며 통일하는 활동으로 본다. 그리고 그는 내유신령과 외유기화의 유有가 그것을 드러낸다고 파악한다. 김지하, 『동학이야기』, 23-24쪽 참조.

대자연에 펼쳐진 온갖 변화는 상제의 존재를 알려주는 인식의 실마리고 후자는 전자의 존재 근거란 것이다. 그런데 엄정한 질서에 따른 천지 변화란, 일에 간섭하지 않음이 없고 명하지 않음이 없는 지기에 의해 일어나는 것이다.

그렇다면 수운이 뚜렷이 말하고 있지 않지만, 천주의 주재 혹은 조화는 저 천지생명인 기를 통해 우주 만유를 다스리는 것이어야 한다. 천주는 지기를 씀으로써 그것이 고유한 이법에 따라 전개되고 그 목적이나 뜻을 실현하도록 해 준다. 지기는 그를 통해 무궁한 창조성을 자연과 인간 삶에 발휘하며 변화의 생명력으로 온전히 있을 수 있는 것이다. 천주의 주재, 그 마름질이 없다면 지기는 여전히 무정향적인 혼돈의 상태로 남게 될 것이다.

그러나 동시에 천주는 지기에 의해 존재하며 그 안에서 살아간다. 수운은 이렇게 말한다. "천지 역시 귀신이오 귀신 역시 음양"(「도덕가」)이며 "귀신이라는 것도 나[상제]니라."(「논학문」. 괄호 필자) 모든 것이 신이며 그것은 다시 음양의 기 이외의 다른 게 아니란 얘기다. 상제 역시 지기의 화생化生이나 계기로서 우주 한 생명인 지기에 포함된다는 것이다. 지기는 천주를 위해 존재의 바탕이 되고 권능의 원천이 됨으로써 그를 또한 규정하는 것이다. 이로써 수운에게서 비인격적 궁극자인 지기와 인격신 상제는 상합相合의 방식으로 혹은 음양 짝의 조화로 하나를 이룸을 알 수 있다.[27]

여기서 다시 시자 풀이로 돌아가 보자. 수운은 시에 대해 "안에 신령이 있고 밖에 기화가 있어서"에 뒤이어 "온 세상 사람이 각각 알아서 옮기지 않는[一世之人 各知不移] 것이요."라고 밝히고 있다. 수운은 시를 바로 이 신령한 기운에서 벗어나지 않는 것[不移]이라고 말하고 있는 것이다. 이때 '불이'를 적극적으로 풀이하면 지기, 즉 우주 한 생명으로 자신을 바치며 끊임없이 향하는 것이다. 해월의 표현을 빌어 말하면 "잠깐이라도 모앙慕仰하는 마음을 늦추지 않는 것"(「수도법」)이다.

그리하여 '안으로 신령하고 밖으로 기화하는 것'이 우주 생명의 본성을 규정하는 것이라면 '각지불이'의 집중은 인간['온 세상 사람']에게 요청되는 것이다. 이를 두고 수운은 다음과 같이 말한다. "원형이정元亨利貞은 천도지상天道之常이요 유일집중惟一執中은 인사지찰人事之察이라. 원·형·이·정은 천도의 떳떳한 것이요, 오직 한결같이 중도를 잡는 것은 인사의 살핌이니라."(「수덕문」) 여기서 원형이정은 이법에 따라 만물을 낳고 기르고 거두는 천지 생명의 덕성을 규정한 것이다.

이로써 시의 사태란 우주의 중심을 이루는 지기에 지극히 화하고자 하는[至化至氣], 지무망至無忘한 마음이 될 것이다. 이 섬김

---

27) 천주와 지기 사이에 대한 논의는 이 조화로부터 시작돼야 한다. 이러한 해명이 얼마나 제대로 이뤄질지 하는 것은 천주의 주재가 어떻게 파악되느냐에 달려있는 것으로 본다. 수운이 주문 풀이에서 명시적으로 말한 것에 한정하는 이 글에서는 더 이상의 상론은 피하기로 한다.

과 모양의 장場에 천주가 임하는 것이다. 천지의 온갖 조화를 짓는 신령한 기운과 하나를 이루고자 하는 극진한 마음이 천주를 참되게 모시는 자리인 것이다. 수운은 곧 천지 생명인 지기로 마음을 모으고 그것을 지키는 가운데 천주를 올바로 대할 수 있다고 하는 것이다. 그것을 간증하는 사례가 수운 자신이다. 수운 역시 간절한 구도 끝에 천주를 만나고 모실 수 있었던 것이다. 이로써 시는 천주와 지기가 조화를 이루는 마음자리로서 드러나고 있다.

그렇다면 시의 마음을 얻으면, 무슨 일이 벌어지는가? 조화정만사지造化定 萬事知다. 이에 대해 다루는 논의에서 수운의 가르침이 선을 주장한다는 점이 밝혀지고, 또 그에 이르는 선약의 정체가 무엇인지가 보다 확연히 나타날 것이다. 다시 이에 대한 수운의 설명을 들어 본다.

2) 시천주와 선

수운의 풀이에 따르면 '조화정'의 '조화造化'란 "무위이화無爲而化", 함이 없는 함이며 다스림 없는 다스림이다. 그리고 '정定'은 "그 덕에 합하고 그 마음을 정한다는[合其德 定其心] 것"이다.

뒤의 '정' 자에 대한 설명부터 살펴보기로 하자. 합하고 정하는 덕과 마음이 '그'(其)로 특정된 점이 눈에 띈다. '그'는 통상 앞에서 얘기한 대상을 가리키는 용도로 쓰인다. 그렇다면 해당

문맥 안에서 '그'가 지시할 만한 것으로 무엇이 있을까? 다시 말해 명사나 대명사로서 덕이나 마음의 주체가 될 만한 것은 무엇일까? '안으로 신령하고 밖으로 기화하는 것'과 '온 세상 사람'이 있다. 그런데 후자의 '온 세상 사람'은 합하고 정하는 주어가 될지언정 그 대상이 될 성싶지는 않다. 실제로 '그'의 자리에 온 세상 사람을 넣어 보자. '조화정'의 '정定'이란 온 세상 사람의 덕에 합하고 그들의 마음을 정한다고? 요령부득이다.

따라서 '그'는 '안으로 신령하고 밖으로 기화하는 것'을 지칭하는 것으로 봐야 옳다. 즉 그 덕과 그 마음을 각각 만물을 낳고 기르고 거두는 그 조물자의 덕과 마음으로 새겨야 한다는 말이다. 또 덕이란 마음의 드러남이나 마음의 씀이니, '그 마음'은 천지 생명인 신령한 천지 기운 자체를 의미하는 것으로 볼 수도 있다.

그리고 그 천지 기운에 합하고 정한다는 것은 지극한 정성으로 마음을 모아 받들고 지킴으로써 하나로 화하고자 하는 집중[유일집중]이 될 것이다. 그런즉 '조화정'에서 '정'이란 앞서 살펴본, '각지불이'에서 '불이'와 같은 것이다. 동일한 것이 적극적으로 보면 '정'이고 소극적으로 보면 '불이'인 것이다.

이렇게 볼 때 조화정이란 그 천지의 신령한 기운의 덕에 합하고 그리로 마음을 모아 무궁한 조화를 짓는 것을 의미하게 된다.[28] "합기덕 알았으니 무위이화 알지마는"(「흥비가」), 즉 허령한 마음이 혼원한 기운에 화하면 무위이화의 조화가 일어난다는 것이다.

'안으로 신령하고 밖으로 기화하는 것'은 이치에 따라 천변만화를 짓는 우주 변화의 근본 힘이다. 그것은 간섭하지 않음이 없고 명하지 않음이 없다. 이제 이 현묘불측한 공능을 가진 신령한 기운과 하나가 되고 그것을 용사함으로써 함이 없이 천지조화를 짓게 되는 것이다. 즉 시에서 얻어지는 조화정의 조화, 무위이화의 조화는 신통조화며 신인합발의 조화다. 다음은 조화가 신령한 기운의 소산임을 보여주는 예다.

수운은 어느 날 해월로 하여금 기화 상태에 들게 하여 움직이지 못하게 한다. 해월은 사지를 움직이려 했으나 움직일 수 없었다. 힘으로써 제압하거나 무슨 도구로 결박한 것도 아닌데 말이다. 그리고 수운은 그 조화의 까닭을 이렇게 설명한다. "내의 마음이 곧 네 마음이며 내의 기운이 곧 네의 기운인지라 내 마음 먹는 바 그대에게 미침이니, 이는 곧 천지만물이 유일의 지기로서 화생한 증거이니라."[29] 그의 말인즉 천지의 신령한, 한 기운

---

28) 다음의 견해도 '정'의 대상에 대해 동일한 입장을 피력하고 있다. "즉 '무위이화'의 덕과 그 기운과 하나가 되는 것이 '조화정'이다. 다시 말해서 우주만물의 생성·변화·소멸이 모두 한울의 조화의 작용 – 음양오행의 우주적 기운의 응결에 의해 만물이 화생하나 궁극에는 그 근원으로 되돌아가는 – 으로 이러한 우주의 조화 기운과 하나가 되는 것을 말한다." 최민자, 『동학사상과 신문명』, 41-42쪽.

29) 이돈화, 『천도교창건사』, 45쪽 이하.

과 하나 되어 그것을 뜻대로 부릴 수 있다면 조화가 무궁할 수 있다는 것이다. 수운은 또 이렇게 밝힌다. "... 거의 한 해 동안 수련을 하고 연마를 하니 스스로 그렇게 되지 않은 것이 없었다."[30]

한편 이 조화에는 만사에 통달하는 지혜를 얻는 만사지萬事知가 포함된다. 수운은 만사지를 설명하기를, "만사라는 것은 수가 많은 것이요 지라는 것은 그 도를 알아서 그 지혜를 받는 것"이라고 한다. "그 도"가 만사지의 관건이 되고 있다. 도란 일반적으로 도리나 규범, 즉 이理와 같은 것이면서 기의 운행을 가리키는 것으로 이해한다. 여기서 "그 도"는 모든 것을 하나로 꿰뚫으며 이끄는 천지 기운과 그것이 지닌 변화의 뭇 이치로 새긴다. 저 신령한 지기와의 소통은 신성의 밝음 속에 만물과 만사의 그러함에 대해 무궁한 지혜를 얻는 만사지의 도통을 함께 열어준다. 곧 만사지는 우주 만유에 깃든 신성에 대해 깨닫는 신통神通이며 온갖 이치에 통달하는 이통理通의 성격을 갖는 것이다.

---

30) 윤석산, 『초기동학의 역사 道源記書』, 28쪽. 기록상에 나타난 수운의 조화 이적 사례는 치병의 경우를 제외하면, 위의 예를 포함하여 많지 않은 편이다. 비속에서 젖지 않았고 곧 무너질 방축 앞에서 말이 꼼짝 않는 바람에 위기를 모면했으며 한 장이 넘는 깊은 물 속을 말을 몰아 뛰어넘었고 길을 가는데 서쪽 하늘에 상서로운 기운이 뻗쳐 있었다는 등. 이는 수운이 하늘의 부름을 받아 도를 편 기간, 말하자면 그의 '공생애'가 4년이 채 안 되는 짧은 세월이었음을 감안해도 그렇다. 이로 볼 때 수운을 완전한 조화의 도통을 성취했다기보다 시천주하면 혹은 시천주라야 조화를 지을 수 있음을 선구적으로 보여준 전범으로 이해해야 옳을 것이다.

결국 수운의 '조화정 만사지'란 다음과 같은 것임을 알 수 있다. 그것은 천주를 모시고 천지의 신령한 기운과의 합일 속에서, 즉 시천주 가운데 하늘, 땅, 인간 삼계의 무궁한 이치를 깨닫고 신통변화와 천지조화를 지어내는 것이다.[31] 보다 엄밀하게 들여다보면, 여기서 도통 기운인 지기의 내림은 때[今至]와 인간의 정성이 호응하는 가운데 일어나는 것인 동시에 천주의 주재로써 이뤄지는 것이다.

그렇지만 수운에게 있어 그와 같이 '조화정 만사지' 하는 시의 마음이란 우리가 전혀 새롭게 얻어야 하는 것이 아니다. 사실은 우리들 각자에게 품부된 본연의 것이다. 그것은 우리에게 씨앗으로 주어진, "자기됨"(「기타」)이며 "사람된 근본"(「강론경의」)으로서 언제고 열매로 성숙해야 할 것이다.

그럼에도 대개의 사람들은 그 본연의 마음자리에서 벗어나 있다. 그들은 "기운이 바르지 못하고 마음이 옮기므로 천지와 더불어 그 명에 어기는(「논학문」) 그릇된 길에 빠져 있는 것이다. 따라서 시의 마음은 각자가 그 같은 비본래성에서 돌아서 새롭게 향

---

31) 다음과 같이 말할 수 있는 것도 그 때문이다. "수운이 가르친 종교는 '한울님을 지극히 위하면 놀라운 종교체험을 할 수 있음이 당연한 이치'라고 굳게 믿는 종교이다." 최동희, 「해월의 종교사상에 대한 이해」, 76쪽 참조. 또 수운이 한때 천주교에 대해 동질감을 느꼈던 것도 천주를 믿으면 조화를 받을 수 있다는 그의 믿음에서 나온 것이다. 이세권에 따르면, 당시 천주교가 실제로 조화를 부리는 것으로 이해하고 있던 수운은 "그 점에서는 동학과 천주교가 같다고" 믿었던 것으로 보인다. 이세권, 『동학사상』, 78쪽.

하고 거기에서 벗어나지 말아야 할("불이") 것이다. 이에 따라 각지불이에서 불이의 의미는 더욱 선명해진다. 불이는, 신교 문화의 수행이 그랬던 것처럼, 벗어나 있음을 털어내고 그릇된 길에서 돌아서는 자각적 실천으로서 전개된다.

수운에 있어 이 불이는 구체적으로 수심정기修心正氣, 즉 순정한 마음을 모아 지키고 기운을 바르게 하는 노력과 정성으로 수행된다.[32] 다시 말해 신령한 기운을 향해 끊임없이 마음을 모아 그것을 받들며 지키는[誠敬信] 노력으로서 불이가 수행되는 것이다. 이를 통해 창조의 이상으로 인간에게 심어진, 본연의 마음인 시의 마음을 새롭게 되찾게 되리란 것이 수운의 생각이다.

때문에 시의 바탕 위에서 조화정 만사지하는 경계에 이르러 인간은 인간이 아닌 다른 무엇으로 변화하는 것이 아니다. 예컨대 새로운 種으로 바뀌는 것이 아니다. 비로소 제 본성을 찾아 제 자신이 되는 것이다. 그리고 제 본성이란 천지생명인 신령한 기운에서 비롯하기에, 그것은 신성을 회복하는 것이며 근본을 찾아, 유래를 찾아 새롭게 되돌아가는 것이다. 바로 그러한 도통의 경지에 이르렀을 때, 인간 완성, 인간 성숙이 일어나는 것이다. 수운이 말하는 '지상신선', '성인', '군자', '무궁한 나'는 바로 그런 이상적 인간을 일컫는 것으로 받아들여야 한다.

---

32) 수운은 인의예지는 옛 성인이 가르친 바지만 수심정기는 자신이 다시 정한 것이라고 밝힌다.(「수덕문」)

이 새로운 인간 성숙의 경계에는 환골탈태換骨奪胎하여 선풍도골仙風道骨이 되고 무병장수하는 몸의 거듭남, 몸의 개벽이 전제돼 있음은 물론이다. "아름답도다, 우리 도의 행함이여...용모가 환태된 것은 마치 선풍仙風이 불어온 듯하고, 오랜 병이 저절로 낫는 것은 편작의 어진 이름도 잊어버릴만 하더라."(「수덕문」) 사실 수운이 천주와 접하는 최초의 시천주 이래 가장 먼저 겪은 놀라운 체험은 몸의 변화다.

수운은 상제님의 가르침대로 직접 부를 다시 그려 불에 사르고 그 재를 냉수에 타서 마셨다. 그러기를 칠팔 삭 지내니 정말로 병이 낫고 가는 몸이 굵어지고 검은 낯이 희어졌다. 감격한 수운은 이렇게 증언한다. "어화세상 사람들아 선풍도골 내아닌가 좋을시고 좋을시고 이내신명 좋을시고 불로불사 하단말가."(「안심가」) 수운이 지어 부른 다음의 가사도 지기에 화하는 가운데 천주를 모심으로써 일어나는 몸의 변화를 얘기하고 있다. "일일시시日日時時 먹는음식 성경이자誠敬二字 지켜내어 하느님을 공경하면 자아시自兒時 있던 신병身病 물약자효勿藥自效 아닐런가."(「권학가」)

수운은 무병장생과 천지조화의 새로운 인간 삶인 선仙을 지향하며 자신의 시천주 풀이를 다음과 같이 매듭짓는다. "그러므로 그 덕을 밝고 밝게 하여 늘 생각하여 잊지 아니하면 지극히 지기에 화하여 지극한 성인에 이르느니라至化至氣 至於至聖]."

이와 함께 수운에게서 선에 이르는 선약은 신령한 기운과 하나를 이루며 천주를 섬기고, 새 몸으로 거듭나 천지조화를 짓는 시천주나 시로 드러난다. 수운은 이렇게 말한다. "가슴에 불사약을 지녔으니 그 형상은 궁을이요, 입으로 장생하는 주문을 외우니 그 글자는 스물한자라."(「수덕문」) '가슴 속 불사약'은 상제에 의해 직접 언급됐던 "선약仙藥"이나 "삼신산 불사약"(「안심가」)의 다른 표현일 터다. 수운은 천지조화와 불로장생의 새 생명, 요컨대 선으로 인도하는 약이 유형의 그것이 아니라 가슴 속 마음이라고 밝히는 것이다. 물론 그것은 이런저런 일상의 마음이 아니라 천주를 향한 지극한 마음이요 성경신의 마음일 것이다. 그리고 수운에게서 그 마음은 단순히 소리도 없고 냄새도 없는 무형의 의식 경계와 같은 것으로 혼동돼서는 안 된다. 천지기운과 하나 되고 그 천지성령과 소통하며 상제를 영접하는 그것은 영성이나 영체Spirit 개념으로 이해하는 편이 사태부합적이다.[33]

그 마음이 새로운 생명의 약, 선약이다. 그것을 입으로 외우면 스물한 자 주문이고 형상으로 그려 내면 궁궁이란 것이다.[34]

---

33) 영성Spirit은 대우주에 영향을 주는 것으로서 마음에 비해 실체적인 것이다. 물론 마음과 영성은 서로 별개의 것이 아니라 동일한 것의 두 존재방식을 가리킨다. 모든 것이 음양의 방식으로 존립하듯, 무형의 마음이 유형으로 나타난 것이 영성이다.

34) '선약'이 무형으로는 시의 마음이나 영성이며, 그것이 유형으로 드러나면 영부란 것이다. 궁궁과 태극 형상의 영부는 흥미롭고 중요한 주제에 속한다. 그렇지만 그 문제를 자세히 다루는 것은 이 글의 관심과 범위에서는 적절치 않기

결국 수운에게는 시천주의 마음이 인간의 궁극적 이상인 천지 조화와 불로장생의 선의 삶을 얻게 하는 선약이다. 다시 말해 시천주 혹은 시가 선의 밑자리인 것이다.[35]

이로써 수운 동학의 도가 궁극적으로 뜻했던 것 혹은 이루려고 했던 것은 사람들이 시천주의 영성이나 신성을 회복하여 장생과 조화의 선으로 살아가는 세상을 여는 일이었다고 할 수 있다. "입도한 세상사람 그날부터 군자되어 무위이화 될것이니 지상신선 네아니냐"

4. 수운 동학의 참 뜻을 새기며

이제까지 수운의 동학을 선으로 미리 내다보면서 옛 신교문화의 선이 지닌 고유함을 살펴보았다. 그리고 다시 그 같은 한국 선의 특성에 유의하면서 수운의 도가 선에 속함을 드러냈다. 달리 말해 신교의 선에서 동학의 싹을 찾는 동시에 동학에서 선도의 전승을 확인하고자 했던 이 글의 방법은 해석학적 순환의 그

에 다른 기회로 미루기로 한다. 동학의 영부에 대해서는 이찬구, 「동학의 영부 관 고찰」, 439-476쪽 참조.

35) 해월은 경천敬天이 스승이 "처음 밝히신 도법"(「삼경」)이라고 한다. 한편 전봉준이 이해한 동학도 그것이다. 그는 체포되어 공초를 받는 자리에서 "그대도 동학을 아주 좋아하는가?"란 물음에 이렇게 답한다. "동학은 수심경천지도(修心敬天之道)인 고로 아주 좋아한다."(「전봉준 공초」) 이찬구, 『천부경과 동학』, 261쪽 재인용.

것이었던 셈이다. 이를 통해 한국 선맥에서 수운의 역할이나 의의 그리고 신교문화와 수운 동학에 관류하는 선의 이념도 분명해졌다.

수운의 선맥 계승은 무엇보다 시천주를 통한 선의 성취를 환기시킴으로써 한국 선의 원형을 드러내는 방식으로 이뤄졌다. 달리 말하면 그는 선의 중심에 상제가 있음을 세상에 밝힌 것이다. 신선이 되어야 상제를 올바로 만날 수 있고 상제를 모셔야 신선이 될 수 있다는 점을 새롭게 드러낸 것이다. 또한 수운은 상제와 비인격적 지기가 다르지만 또한 하나라고 이해함으로써 신교 문화이래 "인격적인 실재와 비인격적인 실재를 조화시키는 비법"을[36] 보여준 한국 선맥의 전통을 잇고 있다. 뿐만 아니라 수심정기의 수행을 통해 하느님을 모시는 영성의 회복을 내세웠으며 선이 되어 동귀일체하는 선경 세상을 전망하기도 했다. 그러기에 수운의 도는 동東의 정신이나 동도東道를 새롭게 살린다는 의미로도 '동학'이다.[37]

반면 수운 동학에 드리운 그늘도 뚜렷해진다. 수운이 이르고자 한 것은 하늘의 도를 펴서 모두가 시천주하고 무병장생하는

---

36) 같은 책, 377쪽.
37) 수운은 자신의 도에 대해, 그 역시 "동에서 나서 동에서 받았으니"(「논학문」) 서학과 구별하여 동학으로 불러야 한다고 말한다. 또 수운과 그의 제자들을 심문한 결과를 기록하고 있는 장계에는 "동학이란 동쪽나라의 학문[東國之義]이란 뜻을 취한 것이다"(『고종실록』)라고 언급되어 있다.

삶을 사는 선경세상을 여는 일이었다. 그 '포덕천하 광제창생'의 공덕은 가히 인간 삶의 방식만이 아니라 이제까지 세상을 다스린 명命을 새롭게 바꾸는 혁명이 될 것이다. 그것이 상제로부터 받은 천명이기도 하다. 그러나 수운은 그 하늘의 명을 얼마나 철저하게 받들어서 그것을 실현했던 것일까?

신교가 가르친 성통공완의 정신에 비춰 볼 때도 참된 시천주나 본래의 성품을 되찾는 성통은 하느님의 진리를 세상에 전하고 선의 세상을 여는 공업의 완수에서 비로소 성취될 수 있다. 수심정기로써 천주를 섬기고 지기에 화하는 마음을 얻기를 비는 데 족할 일이 아니다. 말하자면 "하루에 한 송이 꽃이 피고 이틀에 두 송이 꽃이"(「시문」) 피고 삼백 예순 날 삼백 예순 송이 꽃이 피어 온 세상이 봄이 되기를 기다리는 것에 머물고 말아서도 안 된다. 그것은 새로운 선의 세상을 여는 실천역행으로 나가야 하고 그 공덕과 조화를 이룰 수 있어야만 한다.

그럼에도 수운의 동학에서는 그 공완의 이념이 종교적 수행만이 아니라 정치적 실천의 그것으로까지는 확고히 뿌리내리지 못했던 것으로 보인다. 그에 따라 그에게는 포덕의 공업을 이룩할 주체나 조직, 강령을 찾아볼 수 없다. 선의 정치, 포덕의 프락시스가 결여돼 있는 것이다.[38] 시천주주呪는 있건만, 하느님의 도

---

38) 잘 알려졌다시피 동학의 교회 조직은 해월 최시형에 의해 확립된다. 포-접주-도접주, 대접주의 조직과 교당, 교수 등의 직분이 생기고 교리의 출판이 이뤄진다.

를 펴고 선경세계를 세워 창생을 살리는 매개의 역할을 하는 '시천주군'은 없는 것이다. 다시 말해 인사人事와 치천하의 도가 확고하지 못하다고 할 수 있다. 다시금 신교문화의 유산으로 돌아간다. 중요한 것은 시천주의 바탕 위에서 성통과 공완의 조화 혹은 종교와 정치의 일치다. 성통으로써 공완을 이루는 날 "좋이 신선의 연분을" 맺을 것이다[好作仙緣](「탄도유심급」).

이 밖에도 천주와 지기, 시천주, 조화, 지상선경 등의 주요 주제들이 선을 중심으로 정합적으로 엮여 있지 않으며, 정치한 우주론과 신관의 뒷받침이 결여돼 있다는 점들이 수운의 흠결로 지적될 수 있다.[39] 한국 선맥에서 수운의 공과가 이와 같이 밝혀짐에 따라 신교 문화의 선과 수운 동학이 다같이 궁극적으로 실현하고자 했던 것이 무엇인지도 다음과 같이 확연해진다.

첫째, 선의 중심에 시천주의 천주, 상제가 있다. 상제는 지기와 삼신 등 비인격적 궁극자와 한 몸을 이룬다. 그리하여 시천주의 시는 우주의 신령한 기운과 하나로 화하는 가운데 상제를 모시는 것이면서, 또한 상제를 모심으로써 지기를 받아내려 그것과 합일하는 것이다.

둘째, 시는 새롭게 얻어야 하는 것이 아니라 "수심정기"나 "삼

---

39) 수운이 이같은 한계를 노정하는 이유는 무엇보다도 그가 자신의 태생적, 사회적 굴레인 유교의 테를 벗어나지 못했다는 데서 기인하는 것으로 봐야 할 것이다.

법 수행"의 수행을 통해 우리의 본성을 새롭게 열어 밝힘으로써 구해진다. 그런데 우리의 본성이란 우주 일기一氣인 신으로부터 품부 받은 것이다. 그래서 본성을 틔우는 일은 신과 소통하는 것이며 거기에 화하는 것이 된다. 그것은 또한 제 유래로, 근본으로 되돌아가는 것이다. 성통이나 시는 그러한 가운데 우리로 하여금 무병장생의 몸으로 거듭나고 신도神道와 이치에 통하며 조화를 짓는 도통 경계에 이르게 한다.

셋째, 그러나 이를 위해서는 공덕의 완수가 따라야 한다. 사람을 가르쳐서 상제를 위하게 하고 장생케 하는 또 널리 인간을 이롭게 하는 신향을 건설하는 경천애인敬天愛人의 수행 혹은 상생의 공덕에서 선이 성취된다. 그 공덕을 마쳤을 때 비로소 "또한 장생하여 덕을 천하에" 펼 것이다.

마지막으로, 그리하여 선은 시천주나 성통의 정성과 수행을 통해서 얻어지는 것일 뿐만 아니라 선업의 과실로 주어지는 것이다.

이러한 선의 온전한 성취가 저 신교 문화의 도맥을 계승한 수운의 이상이며 그가 상제로부터 받은 천명이 될 것이다. 또 그가 채 이루지 못한 일도 그것이라고 할 수 있다. 이제 그 천명의 완수와 동도의 결실은 수운의 동학을 극복하는 또는 그것의 원형을 새롭게 회복하는 참동학을 기약해야 할 것이다. 그리고 그것은 분명 천지의 조화기운을 받아 내려 본심을 회복하고[성통] 상제를 모시고 그의 도를 펴서[시천주] 인류가 선으로 일가—家를 이루는 선경세상을 지상에 건설하는[공완] 도가 될 것이다.

"공을 이루는 다른 날에 좋이 신선의 연분을 지으리라功成他日好作仙緣."(「탄도유심급」)

참고문헌

경전 및 1차 자료

증산도 도전편찬위원회 편찬, 『증산도 도전』. 서울: 대원출판사. 2003.

왕필 지음, 임채우 옮김, 『주역 왕필주』, 서울: 길, 1999.

일연 지음, 김원중 옮김, 『삼국유사』, 서울: 을유문화사, 2002.

김부식 지음, 이재호 옮김, 『삼국사기』 2, 서울: 나랏말 쏨, 2006.

안경전 역주, 『삼성기』 ; 『단군세기』 ; 『북부여기』, 대전: 상생출판, 2009.

단학회 연구부, 『환단고기』, 서울:코리언북스, 1998.

북애 지음, 고동영 옮김, 『규원사화』, 경기 고양: 한뿌리, 2005.

천도교중앙총부, 『천도교경전』, 서울: 천도교중앙총부 출판부, 1998.

『고종실록』

단행본

김상일, 『수운과 화이트헤드』, 서울: 지식산업사, 2001.

김상일, 『화이트헤드와 동양철학』, 서울: 서광사, 1993.

김지하, 『동학이야기』, 서울: 솔, 1999.

김지하, 『생명과 자치』, 서울: 솔, 1997.

민영현, 『仙과 혼』, 부산: 세종출판사, 1998.

민족문화연구소 편, 『동학사상의 새로운 조명』, 경산: 영남대학교출판부, 1998.

선도문화연구원, 『한국선도의 문화와 역사』, 천안: 국제평화대학원대학교출판부, 2006.

신일철, 『동학사상의 이해』, 서울: 사회비평사, 1995.

안경전, 『개벽 실제상황』, 서울: 대원출판, 2005.

안경전, 『증산도의 진리』, 서울: 대원출판, 2002.

안경전, 『증산도의 진리』 2강, 서울: 대원출판, 2001.

오문환, 『사람이 하늘이다』, 서울: 솔, 1996.

오지영, 『동학사』, 서울: 대광문화사, 1984.

윤석산, 『동학 교조 수운 최제우』, 서울: 모시는 사람들, 2004.

윤석산, 『후천을 열며』, 서울: 동학사, 1996.

윤석산 역주, 『초기동학의 역사 : 도원기서』, 서울: 신서원, 2000.

예문동양사상연구원 · 오문환 편저, 『수운 최제우』, 서울: 예문서원, 2005.

이능화, 『조선도교사』, 서울: 보성출판사, 1990.

이돈화, 『수운심법강의』, 천도교 중앙종리원, 1926.

이돈화, 『천도교창건사』, 서울: 경인문화사, 1970.

이세권, 『동학사상』, 서울: 늘하늘, 2002.

이찬구, 『천부경과 동학』, 서울: 모시는 사람들, 2007

임형진, 『동학의 정치사상』, 서울; 모시는 사람들, 2004

정재서, 『不死』의 신화와 사상, 서울: 민음사, 1994.

최민자, 『동학사상과 신문명』, 서울: 모시는 사람들, 2005.

논문

노태구, 「동학의 무극대도와 통일」, 예문동양사상연구원 · 오문환 편저, 『수운 최제우』, 서울: 예문서원, 2005.

도광순, 「中國 古代의 神仙思想」, 도광순 편, 『神仙思想과 道敎』, 서울: 범우사, 1994.

민영현, 「수운水雲 동학東學과 선선」, 동학학회 편, 『해월 최시형의 사상과 갑진개화운동』, 서울: 모시는 사람들, 2003.

박맹수, 「東學과 傳統宗敎의 交涉」, 민족문화연구소 편, 『동학사상의 새로운 조명』, 경산: 영남대학교출판부, 1998.

변찬린, 「僊(仙) 攷」, 증산사상연구회, 『증산사상연구』 5집, 1979.

송호수, 「민족정통사상의 고찰」, 증산사상연구회, 『증산사상연구』 6집, 1980.

이경원, 「한국 신종교 연구에서의 철학적 주제 고찰」, 이동준 외, 『동방사상과 인문정신』, 서울: 심산, 2007.

이재봉, 「동학의 본체」, 대동철학회, 『대동철학』 5집, 1999.

차주환, 「韓國 道敎의 共同體觀」, 한국도교문화학회 편, 『道家思想과 韓國道敎』, 서울: 국학자료원, 1997.

역사적으로 본
동학의 개벽 사상

김현일

1. 문제의 제기

동학의 시천주 사상과 더불어 개벽 사상은 동학의 핵심사상의 하나이다. 동학의 개벽 사상이 우리의 관심을 끄는 이유는 여러 가지이다. 하나는 그것이 동학의 사회사상으로서 동학의 현실인식과 역사인식을 드러내주기 때문이다. 또 하나의 이유는 갑오년(1894)의 동학혁명과의 관련성 때문이다. 동학농민들은 예전의 많은 농민반란과는 달리 후천세계의 건설이라는 종교적 이상을 내세우고 그것을 실현하기 위해 전쟁에 가담하였던 것이다.

그런데 우리에게 다소 의아한 점은 동학의 창도자인 수운의 가르침에서는 동학혁명을 연상시키는 사회·정치적 변혁의 메시지가 거의 보이지 않으며 수운이 이끌던 교단도 사회변혁 운동과는 거리가 멀었다는 점이다. 물론 수운의 가르침에서 우리는 개벽에 대한 언급을 여러 곳에서 발견한다. 그러나 그것은 운수의 순환에 따라 새로운 세상이 도래한다는 것, 그리고 새로운 세상이 도래하기 전에 온 세계에 괴질이 만연하며 거기서 살아남기 위해서는 하늘님을 공경하고 마음을 닦아야 한다는 가르침이었다. 한마디로 말해 초기동학은 개벽과 연관된 정치적 실천과는 무관했다고 하겠다. 그렇다면 이러한 초기의 동학이 어떻게 1894년 갑오년의 동학혁명과 이어질 수 있었다는 말인가? 본고에서는 이러한 문제의식을 깔고 동학의 개벽 사상과 그것이 동학혁명과 갖는 연관성을 탐구해 보았다.

또 하나 우리에게 문제로 다가오는 것은 동학혁명의 실패 이후 후천개벽 사상을 한층 더 구체적이고 풍부한 모습으로 제시한 강증산과 동학의 연관 문제이다. 증산은 동학혁명이 실패로 돌아간 지 몇 년 되지 않아 광구천하의 큰 뜻을 품고 수도에 들어갔다. 마침내 1901년 모악산 대원사에서 대도통을 하였는데 그는 천지가 개벽의 운에 처했다고 선언하였다. 그는 스스로를 개벽을 주재하는 '개벽장'으로 제시하였으며 어천하기까지 행한 9년간의 천지공사 역시 후천개벽과 밀접하게 연관되어 있었다. 한걸음 더 나아가 그는 자신이 수운에게 '신교와 천명'을 내린 상제이며 자신의 가르침을 '참동학'이라고 선언하였다. 그의 가르침은 개벽을 중심으로 한 것이었다. 그러므로 그는 동학이 다소 막연하게 제시하는 데 그친 개벽 사상을 완성한 진정한 개벽사상가라고 할 수 있을 것이다.

본고는 개벽 사상을 수운의 가르침으로부터 갑오년의 동학혁명 그리고 증산의 사상과 연관하여 그 전개과정의 대강을 추적해보려는 시도이다. 이러한 우리의 작은 시도는 19세기 말, 20세기 초 조선의 독특한 사상의 하나로서 제시된 개벽 사상의 발전과정과 그 역사적 의미를 되새겨보는 데 도움이 되지 않을까 한다.

2. 수운의 현실인식과 다시개벽

1) 현실인식

수운의 역사관은 다분히 유교에서 영향을 받았다. 『동경대전』에 수록된 「포덕문」은 그것을 잘 보여준다. 오제五帝 이후 성인들이 나서 일월성신을 비롯한 천체의 운동법칙[천지도수]을 확립하고 국가와 인생의 부침을 천명과 연관시켜 학문과 도덕을 완성하였다. 그리하여 사람은 군자가 되고 성인이 될 수 있었다. 그러나 근자에 와서 세상 사람들은 천리와 천명을 무시하고 멋대로 행동하게 되었다. 이를 수운은 '각자위심'各自爲心이라 불렀는데 바로 도덕적 혼란에 다름 아니었다. 그 결과 임금은 임금 노릇을 못하고 신하는 신하 노릇을, 아비는 아비 노릇을, 자식은 자식 노릇을 못하는 것이다. 이런 세상은 요순이 다시 통치해도, 공자와 맹자가 다시 오더라도 어찌할 수 없을 정도라고 그는 개탄하였다.(「몽중노소문답가」)

수운은 이러한 도덕적 혼란에 대해 개탄하였지만 그것을 운수의 변화로 인한 것으로 보았다. 운수는 순환하며 한번 온 것은 가지 않음이 없다.(「교훈가」) 운수는 시간이 가면 저절로 회복된다[運自來以復].(「불연기연」) 그러므로 쇠운이 지극하면 언젠가는 성운이 오며(「권학가」) 하원갑 지나면 상원갑 호시절이 오기 마련이다.(「몽중노소문답가」) 이처럼 수운의 역사관은 동양의 오랜 운수순환론에 기반을 두고 있었다.

수운은 자신이 살던 시대가 쇠운이 지배하는 시대라고 보았다. 위에서 본 것처럼 세상 사람들이 각자위심하여 도덕적 혼란에 빠져 있는 것이 그 하나의 증거가 되지만 또 다른 증거들도 있다. 서양 사람들이 동양과 싸우기만 하면 이기고 이루지 못하는 바가 없다는 것[戰勝攻取 無事不成]도 유력한 증거였다. 주지하다시피 중국은 1840~1842년 아편전쟁으로 시작하여 서양 열강들의 계속된 공격과 침략에 시달렸다. 수운이 득도한 경신년(1860)에는 영불 연합군이 북경을 함락하자 함풍제가 가족 및 중신들을 데리고 열하로 피신하는 사건이 발발하였다. 이 사건은 조선에도 널리 알려져 큰 충격을 주었다.[1]

수운에게 당시의 나쁜 운을 보여주는 또 하나의 증거는 조선에 거의 매년 발생하는 괴질이었다. 수운이 태어나기 전은 말할 것도 없고[2] 수운이 득도하였던 경신년에도 괴질이 크게 돌아 식

---

1) "천하가 분란하고 민심이 효박하여 어찌할 바를 알지 못할 즈음에 괴이하고 잘못된 말이 있어 세간에 떠들썩하되 서양 사람은 도성입덕하여 그 조화로 인하여 하는 일마다 이루지 못함이 없고 그 공격 앞에는 당할 사람이 없어 중국이 망하면 어찌 우리나라에도 순망치한의 걱정이 없겠는가 하는 말이었다."(「논학문」)

2) 「권학가」에서는 "아동방 연년괴질"이라고 하여 매년 조선에 역병이 돌고 있었음을 말하고 있다. 실제로 수운이 태어나기 직전인 순조 21년(1821)과 22년(1822)에 조선에서는 괴질이 유행하여 많은 사람들이 죽었다. 순조 34년(1834)에도 역병이 크게 돌아 "제 때에 매장하지 못해 시체와 해골이 도처에 낭자"하였다. 헌종 3년(1837)에도 흉년 끝에 역병이 돌았다. 그리하여 산골마을과 바닷가 마을의 경우 정언正言 이원조의 상소에 따르면 옛날에는 백성들이 가득하였

년시를 연기할 정도였다. 괴질로 많은 백성들이 죽어가는 사태에 직면하여 조정에서 할 수 있는 일이란 귀신에게 제사를 지내는 것뿐이었다. 수운은 우리나라에 악질이 만연하여 백성들이 편안한 때가 없는 것은 '상해의 운수' 때문이라고 보았다.(「포덕문」) 당시 조선은 악운의 지배를 받고 있었던 것이다.

2) 괴질운수와 다시개벽

그러나 괴질은 조선만의 운명은 아니었다. 수운의 가사에 나오는 '십이제국 괴질운수 다시개벽 아닐런가'라는 말이 그것을 말해준다.(「용담가」; 「몽중노소문답가」) 십이제국 즉 세계가 모두 괴질의 운수에 처해 있었는데 이는 개벽의 징조였다.[3] 수운은 개벽이 목전에 닥쳤다고 믿었다. 수운의 이러한 믿음은 어디에서 왔을까? 혹자는 『정감록』의 영향을 운운하지만 수운이 사람들이 계층을 불문하고 『정감록』 같은 참서의 말에 따라 '궁궁촌'을 찾아다니는 행태를 비판한 것을 염두에 둔다면 『정감록』의 영향에 대해서는 선뜻 받아들이기 힘들다.

수운 가사에는 상제가 개벽시의 일에 대해 알려주었음을 내비치는 구절이 있다. "개벽시 국초일을 만지장서 내리시고"라는

던 곳에 이제는 한두 명의 주민을 찾아보기 힘들어졌으며 양전미토良田美土에는 쑥대만이 가득할 지경이었다. 『조선왕조실록』(sillok.history.go.kr).

3) 수운의 시대에 유행하던 괴질은 콜레라로 추정되는데 당시 중국과 일본 모두 이런 콜레라의 공격을 받았다. 신규환, 『질병의 사회사』, 37-43쪽.

「안심가」의 구절이 그것이다.[4] 수운은 경신년에 상제와 처음 만난 후 3년 반 동안이나 계속해서 그의 가르침을 받았다. 개벽에 관한 믿음도 이러한 상제의 교화敎話로부터 왔을 것이다. 그런데 수운은 위의 구절에서 보이듯이 개벽이라는 말도 썼지만 '다시개벽'이라는 표현도 사용하였다. 원래 개벽이라는 말은 '천개지벽'天開地闢이라는 말에서 온 것으로 천지 즉 세상이 처음 열린 것을 의미한다. 이런 의미로서 개벽은 수운 이전에 조선의 선비들에 의해서도 널리 사용되었다. 수운 역시 이런 의미로 개벽이란 말을 사용한 적이 있다.[5] 그러나 수운의 다시개벽은 이런 의미가 아니라 선천에서 후천으로 넘어가기 위해 거쳐야 할 시련인 후천개벽을 의미한다.

수운은 후천개벽기에 우리나라는 특별한 대접을 받을 것임을 내비쳤다. 물론 우리나라 역시 개벽기에 험한 시련을 겪어야 한

---

4) 윤석산은 국초일이 수운이 상제로부터 무극대도를 받은 경신년 4월 5일을 가리킨다고 한다. 이는 수운이 도를 받은 날부터 후천이 시작된다는 것을 전제로 하는 주장으로서 국초일을 '國初日'로 보았기 때문이다. 윤석산,『동학교조 수운 최제우』, 262쪽. 그러나 그런 의미로는 국초일을 만지장서 내린다는 것은 암만해도 이해가 되지 않는다. 차라리 개벽시에 우리나라에 일어날 일을 자세히 가르쳐주었다는 것으로 해석하는 것이 옳다고 생각된다.

5) "한울님 하신 말씀 개벽후 오만년에 네가 또한 첨이로다 나도 또한 개벽 이후 노이무공 하다가서 너를 만나 성공하니"(「용담가」). 천도교중앙총부,『천도교경전』; 윤석산 역주,『초기동학의 역사 : 道源記書』, 87쪽에도 비슷한 용례가 소개되어 있다. 수운은 제자들에게 상제와 더불어 문답을 한 일이 개벽 이래 자기 외에 누가 또 있느냐고 물었다.

다.(기험하다 기험하다 아국운수 기험하다) 그러나 하늘님은 수운을 통해 우리나라를 보전한다.(하늘님이 내 몸 내서 아국운수 보전하네) 수운은 자신을 통해 하늘님이 우리나라를 구원할 것임을 드러낸 것이다.

수운은 또 괴질로부터 살아낼 방도를 제시하였다. "그말저말 다버리고 하늘님을 공경하면 아동방 삼년괴질 죽을 염려 있을소냐"(「권학가」)라고 하였는데 하늘님을 공경하는 것이 그 방안이다.

하늘님을 공경하는 것은 하늘님을 모시는 것 즉 시천주에 다름 아니다. 시천주를 실천하는 구체적인 방법은 무엇인가? 수운이 자랑스럽게 말한 "마음을 닦고 기운을 바르게 하는 것 즉 수심정기"일 것이다.[6]

그런데 수운의 개벽 사상에서는 마음을 닦고 하늘님을 공경하는 것 외에 개벽에 대비한 어떠한 적극적 활동도 논의의 대상이 되지 않았다. 그는 개벽이 새로운 세상을 여는 데 도움이 될 것으로 보았지만 정치적 행동이나 운동이 새로운 세상을 열 것으로 생각하지는 않았던 것이다. 오히려 새로운 세상에 대한 제자들의 조급한 마음을 타이른 글에서 "산하대운이 모두 이 도에 돌아오니" 오직 마음을 바르게 해야 함을 강조하였다.[7] 수운의

---

6) "인의예지는 옛 성인의 가르치신 바요, 수심정기는 내가 다시 정한 것이니라."
(「수덕문」)
7) 글 제목 자체가 '도유들의 조급한 마음을 한탄한다'(「탄도유심급」)이다.

사상에서는 개벽과 연관된 어떠한 정치적 메시지도 없었다고 할 수 있다. 그럼에도 불구하고 수운은 당국에 의해 '좌도난정'左道亂正의 죄로 처형되었다.

수운을 심문한 경상감사 서헌순의 장계(보고서)에는 "복술은 본시 요망한 종류로서 감히 속임수를 품고 주문을 지어 위천주의 요언지설을 퍼뜨려 사람들을 부추겼으며 서양을 배척한다면서 오히려 사학을 도습하여 포덕의 글을 꾸며 음으로 불순한 생각을 꾀하였다. 궁약을 비방이라 하며 칼춤과 검가를 퍼뜨려 흉악한 노래로 태평한 세상에 난리를 걱정토록 하여 남몰래 무리를 지었다."고 수운을 난을 일으키기 위해 도당을 지은 자라고 비난하였다.[8] 수운이 검가를 짓고 칼춤을 춘 것은 사실이지만 교단 차원에서 세상의 변혁을 위한 어떠한 움직임이 있었던 것은 아니다. 동학의 급속한 확산이 양반 지배계급의 지배를 뒷받침하는 주자학 이데올로기의 독점적 지위에 대한 심각한 위협으로 인식되었기 때문에 조선 조정이 동학을 좌도난정지술로 탄압하였던 것이다.[9]

수운의 시대에 동학은 사회적 변혁을 지향하는 운동의 성격은 아니었지만 수운의 억울한 죽음은 한 세대 뒤에 조선에 혁명의 바람을 몰고 왔다. 이는 수운의 사후 동학이 종교적 차원에만 머

---

8) 표영삼, 『동학 1』, 316-317쪽.
9) 강재언, 『한국근대사연구』, 151-152쪽.

무는 데 만족하지 않는 급진파들이 동학 내부에서 생겨났기 때
문이다.

3. 개벽과 동학혁명

우리 근대사의 획기적 사건의 하나였던 갑오 동학혁명의 성격
에 대해서는 의견들이 분분하다. 봉건질서에 대한 농민들의 저
항을 강조하는 사람들은 농민전쟁으로 규정하며, 동학도들의 역
할을 중시하는 사람들은 동학혁명이라고 부른다. 또 드물긴 하
지만 유교적 근왕사상과 외세배척을 지적하며 보수적 운동으로
규정하는 시각도 존재한다.[10] 아마 이러한 여러 시각들은 나름
대로의 타당성을 갖고 있을 것이다. 그러나 동학이 없는 갑오년
의 농민전쟁은 생각할 수 없다. 동학도들의 역할이 없었더라면
고부 민란도 단순한 국지적이고 단발적인 민란에 머물렀을 가능
성이 높다. 동학은 농민전쟁에 지도부와 조직 및 이념을 제공하
였다. 동학의 이러한 역할을 고려해 볼 때 하나의 이념으로서 개
벽이 동학혁명에 어떠한 영향을 주었는지 묻지 않을 수 없다.

1) 동학의 급진파들

수운의 사후 몇 년 지나지 않아서 동학도들 가운데에는 무력

---

10) 유영익, 『동학농민봉기와 갑오경장』.

으로라도 세상을 바꾸려고 하는 자들이 나왔다. 이들의 생각은 수행과 무위이화를 강조하는 2세 교주 해월 최시형의 입장과는 상당한 차이가 있는 것이다. 1871년 경상도 영해와 문경에서 두 차례나 무장봉기를 시도했던 이필제는 그 대표적인 인물이다. 이필제는 몰락양반 출신으로 무과에 급제한 인물인데 동학에 입도하기 이전부터 몇 차례 변란을 시도하다가 실패한 일이 있었다. 그는 피신 중 경주 용담으로 수운을 찾아가 입도하였다.[11] 1871년 해월을 만나서 수운의 신원과 더불어 재앙으로부터 창생을 건질 것을 주장하였다. 그는 여기에 더해 자신에게 단군의 영이 나타났다고 하면서 자신이 중국을 정벌하여 그곳에 나라를 건설하겠다는 뜻을 갖고 있음을 내비쳤다. 상당히 비현실적인 포부를 가진 혁명가였던 셈이다.

동학도들을 동원하여 영해부를 습격한 그의 무리는 단 며칠도 견디지 못하였지만 그는 영해 부사를 "백성을 학대하고 재물을 탐한" 탐관오리로 치죄하여 처형하였다. 이는 그가 스스로 말했듯이 재앙에 빠진 백성을 건진다는 대의를 내걸고 변란을 꾀한 혁명분자였다는 것을 드러내준다.[12]

이필제류의 급진파들은 1890년대에 들어서 다시 동학교문 내에서 나타났다. 이들은 마음을 닦으면서 새로운 세상이 도래하

---

11) 표영삼, 『동학 1』, 361쪽 이하.
12) 표영삼, 『동학 2』, 381쪽.

기를 기다리라는 해월의 가르침에 순종하지 않고 정치적 활동을 통해 동학의 존재를 인정받고 더 나아가 낡은 세상을 혁파하고 새로운 세상을 열려고 하였다.

새로운 급진파들이 동학교문 내에서 중요한 역할을 하기 시작한 것은 소위 교조신원이 시작되면서부터였다. 사실 교조신원운동 자체가 급진파들이 강력하게 요구하여 이루어진 것이다. 동학측의 기록에 따르면 1892년 7월 서인주와 서병학이 상주 공성면 왕실에 거처하고 있는 해월을 찾아와 교조신원운동의 필요성을 강력하게 제기하였다. 그러나 해월이 일이 순조롭게 진행되지 못할 것을 염려하여 거부하자 이들은 노기를 띠고 물러났다고 한다.[13] 그러나 신원운동을 요구하는 목소리가 높아져 해월도 끝내 허락하지 않을 수 없었다.

신원운동은 충청감사가 있는 공주에서부터 시작되었다. 충청감사에게 진정서[議送單子]를 전하는 일에 용감하게 앞장선 것은 앞에서 말한 서인주와 서병학이었다. 주목할 만한 사실은 이들이 감사에게 제출한 의송단자에는 교조의 신원에 대한 요구 뿐 아니라 외세의 침탈을 비난하고 도적의 횡행을 걱정하는 등 정치적인 문제까지도 제기하고 있다는 점이다. 정치색이 없지 않았던 공주집회를 주도한 서인주와 서병학은 전라도 삼례에서 열린 집회에서도 주도적인 역할을 하였다. 이 삼례집회에서 고부

13) 표영삼, 『동학 2』, 195-196쪽.

접주 전봉준의 활약이 두드러졌다. 서병학이 작성한 의송단자를 감사에게 전하는 일을 자원하는 사람이 없자 고부접주 전봉준이 남원접주 유태홍과 더불어 그 일을 자원하였다. 잘못하면 목이 달아날 수도 있는 일에 전봉준은 용감하게 나섰던 것이다.

동학도에 대한 관리들의 침탈 중지 요구와는 달리 교조신원에 대한 요구는 중앙정부의 일이라 지방 감사들이 결정할 수 있는 것이 아니었다. 그 다음해 서울 광화문 앞에서의 복합상소(1893년 2월)는 그 때문에 일어난 것인데 이 상소 때에 동학도들은 서양인들과 일본인들의 퇴거를 요구하는 방을 부쳤다. 서울에서의 복합상소가 받아들여지지 않자 충청도 보은에서 동학도들의 대규모 집회가 열렸다. 이 보은집회에서는 교조신원의 요구는 완전히 자취를 감추고 정치적 구호인 "척왜양창의斥倭洋倡義"만이 제기되었다. 경군이 출동한다는 소식에 동학도들은 3주만에 자진 해산하였지만 보은 집회는 동학의 정치적 지향을 분명히 한 집회였다.

동학은 이제 현실에 대한 불만을 가지고 세상을 바꾸어보려는 사람들의 구심점이 되었다. 선무사 어윤중의 보고에 의하면 보은집회에는 사회에 잡다한 불만을 가진 사람들이 대거 가담하였다. 천민이나 상민으로서 신분의 상승을 원하는 자, 빚에 쫓기는 자, 탐관오리에게 수탈당하고 억울함을 호소할 길이 없는 자, 경향의 세도가에게 눌려 살아갈 길이 없는 자, 농민이나 상인으로서 살아갈 길이 없는 자 등등 현실에 좌절하고 새로운 세상을 염원하는 자들이 동학도들의 집회에 모여들었다는 것이다.[14] 이는 이미 동학이 사회적 불만의 응집처가 되었으며 혁명적 에너지를 상당히 축적해갔음을 의미한다.

  이 시기 호남 접주들은 그러한 현실불만 세력, 변혁지향 세력을 조직해 내었던 것으로 보인다. 그런데 이들은 교주 즉 해월의 통제를 상당히 벗어나 있었다. 이들은 1893년 3월 말부터 4월 초에 보은집회와는 별도의 금구원평 집회(소위 금구취당金溝聚黨)를 열었는데 이는 물론 해월의 허가 없이 이뤄진 것이다. 호남 접주들(소위 갑오년의 남접)에 비판적인 시천교측의 기록에 의하면 이때부터 전봉준과 김개남은 호남지방에서 독자적으로 교도들을 거느리고 모였다가 흩어지기를 갑오년까지 하였다고 한다.[15] 이러한 남접의 독자적인 노선의 뒤에는 서장옥이 있었다. 서장옥 (1852~1900, 서인주는 그의 다른 이름이다)은 일본측의 기록에 의하면 전봉준, 김개남, 손화중의 스승이었다고 하는데 호남 일대의 동학도들에게 상당한 영향력을 행사하였던 인물이었음은 분명하

---

14) 『聚語』「宣撫使再次狀啓」.

15) 박정동, 『侍天敎宗繹史』, 101쪽. 시천교는 이용구가 손병희에 의해 동학교단에서 축출된 직후 만든 동학의 분리교단이다. 시천교 지도자인 이용구는 북접 두령 출신이었다. 시천교에서 간행한 『侍天敎宗繹史』는 동학혁명기 남접의 활동에 대해 상당히 비판적인 입장을 취했는데 그 때문에 역사적 사실에 대한 왜곡을 다수 범하였다.

다.[16] 무위이화에 집착하는 북접의 종교적 태도와는 확연히 다른 남접의 정치적 노선은 서장옥으로부터 나온 것으로 보인다. 앞에서 언급하였듯이 교조신원 운동도 서장옥을 위시한 몇몇 인사들로부터 나왔다.[17] 서장옥은 한 걸음 더 나아가 교조신원 운동기에 정부에 대한 무장투쟁까지도 요구하였다고 한다.[18] 다른 말로 하자면 서장옥 일파는 조선왕조에 대해 반기를 드는 것도 꺼리지 않는 급진파들이었다. 이들은 또 동학의 대중집회가 서양의 민회와 같은 것이라고 주장하였다. "나라의 정책과 법령이 국민에게 불편하면 회의를 열어 결정하는 것이 근자의 사례"라고 하면서 입헌군주제의 이념을 드러내었다.[19]

급진파들은 민중이 갖고 있는 불만을 적극적으로 활용하고자 하였다. 당시 조선의 상황은 민중들의 불만을 극도로 고조시키고 있었다. 중앙정부의 세도정치는 매관매직과 지방관의 부패를

---

16) 장영민, 「최시형과 서장옥」, 134쪽. 황현은 동학이 최시형의 '법포法布'와 서장옥의 '서포徐布'로 나뉘어 있었으며 전봉준은 서포에 속했다고 한다. 이는 동학교문 내에서 서장옥의 비중을 말해주는 것이다. 황현, 『오하기문』, 73쪽.
17) 『侍天教宗繹史』, 84쪽에 의하면 1892년 7월 서인주, 서병학, 장세원 등이 해월에게 교조신원을 강력하게 주장하였다.
18) 장영민 교수에 의하면 서장옥을 비롯한 급진파는 보은집회에서 교도들이 무장해서 한강을 따라 충주를 거쳐 서울로 진격하자는 주장을 하였다고 한다. 「최시형과 서장옥」, 129쪽.
19) 표영삼, 『동학 2』, 366-367쪽.

낳았다. 국가에 대한 갖가지 세금 부담 외에도 탐관오리들이 여러 가지 명목으로 농민을 수탈하였다. 임술년(1862) 삼남지방에서 광범하게 일어난 민란은 조선 민중의 핍절한 사정을 적나라하게 드러내주었다. 갑오년 당시 조선의 농민들 사이에서는 이 세상을 원망하는 분위기가 파다하게 퍼져 있었다. 당시 백성들은 "말끝마다 이 나라는 망한다, 꼭 망한다, 어찌 빨리 망하지 않는고 하며 날마다 망국가를 일삼을 지경"이었다.[20] 일반 백성들은 동학도들로부터 천지가 새로 개벽을 한다는 말을 자주 들었다. 당시에 동학은 삼남 지방에 널리 퍼져 있었기 때문이다. 절망에 빠진 농민들은 개벽과 새로운 세상에 대한 기대감을 갖게 되었다. 갑오년 3월 남접이 무장茂長 기포시 창의문을 발하자 많은 백성들이 "옳다, 이제는 잘 되었다. 천리가 어찌 무심하랴. 이놈의 세상은 얼른 망해야 한다. 망할 것은 얼른 망해버리고 새세상이 나와야 한다."라고 했다고 한다.[21] 이러한 분위기를 동학의 급진파들이 이용하였다. 우리는 그것을 급진파의 한 사람인 전봉준에게서 확인할 수 있다.

2) 전봉준

갑오년 동학혁명군의 대장 노릇을 하였던 전봉준은 자신이 우

---

20) 오지영, 『동학사』, 112쪽. 원래 이 책은 1939년에 간행된 것인데 최근에 복간되었다.
21) 오지영, 앞의 책, 121쪽.

연히 난의 주모자가 된 것으로 말하지만 이는 사실과는 거리가
멀다.[22] 그는 1893년 11월과 12월 두 차례나 고부 농민들의 억
울한 사정을 고부 군수에게 진정하는 데 앞장섰을 뿐 아니라[23]
세상을 바꾸려는 뜻을 갖고 동학교문 내에서 적극적인 활동을
하고 있었다. 앞에서 언급하였듯이 그는 서장옥 등과 함께 교조
신원 운동기부터 최시형의 통제로부터 벗어나 상당히 독자적인
세력을 구축하고 있었다. 그러므로 그가 고부 민란에 우연히 연
루되어 느닷없이 동학혁명의 지도자가 되었던 것은 아니다.[24]

한마디로 전봉준은 세상을 바꾸려 한 혁명가였다. 고부 군수
조병갑에게 맞아죽은 부친의 개인적 원한을 갚기 위해서가 아니
라 민중의 원한 때문에 거사하였다는 점을 그 스스로 심문과정
에서 분명히 밝히고 있다. 잘못된 세상을 바로 잡으려는 큰 뜻을
품고 있었던 것이다.

몰락한 지식인이었던 전봉준이 갑오년 이전부터 세상을 바로
잡으려는 큰 뜻을 품고 있었음을 시사해주는 여러 이야기들이

---

22) 신복룡, 「전봉준공초」, 319쪽.
23) 1970년 고부 송두호의 후손 집에서 발견된 사발통문은 1893년 11월 전봉준을
   위시한 20명의 사람들이 고부 서부면 죽산리 송두호 가에서 토론 끝에 작성한
   것이라고 하는데 그 내용은 군수 조병갑을 효수하며 무기창을 점령하여 무기
   를 수중에 넣은 다음 전주를 함락시키고 서울로 진격한다는 계획이었다. 신복
   룡, 앞의 책, 108쪽. 하지만 1970년 발견 당시의 사발통문은 후대에 어떤 사람
   이 그 때를 회상하면서 작성한 것이다.
24) 우윤 · 이이화, 『대접주 김인배 동학농민혁명의 선두에 서다』, 64-89쪽 참조.

전해진다. 그가 대원군의 집에 3년간이나 문객으로 있었다는 이야기도 있는데[25] 이 이야기의 진위여부는 확인하기 어려우나 전봉준이 갑오년 이전부터 상당한 정치적 의지를 갖고 있었음을 암시해준다. 그는 동학에서 구호로 내세우는 '광제창생', '보국안민'을 위해 자신의 한 몸을 바칠 각오가 되어 있었다. 혁명이 실패한 후 심문과정에서 말한 대로 "세상살이가 날로 잘못되어 가고 있는 고로 개연히 한번 세상을 건져볼 뜻"이 있었던 것이다.[26]

양반과 상놈, 적자와 서얼을 차별하며 탐관오리들과 양반토호들이 농민을 수탈하고 억압하는 조선 사회를 그가 거부했던 것은 분명하다. 동학은 교문 내에서 신분차별을 엄격히 금했다. 수운은 자기 집안의 여종 둘을 하나는 며느리로 삼고 하나는 수양딸로 삼았는데 이는 수운이 신분에 얽매이지 않았던 것을 말해준다. 또 천민 출신으로서 해월에 의해 동학의 대접주로 임명된 남계천의 이야기는 신분차별에 대한 동학의 확고한 입장을 보여준다 할 것이다.[27] 전봉준은 귀천을 차별하지 않는 동학의 이러

---

25) 김상기, 「동학과 동학란」, 64쪽.
26) 신복룡, 앞의 책, 328쪽.
27) 남계천은 천민신분이었다. 해월이 그를 호남의 대접주로 임명하자 많은 동학 교도들이 불평하였다. 이에 대해 해월은 "하늘은 반상의 구별 없이 그 기운과 복을 준 것이요, 우리 도는 새 운수에 둘려서 새 사람으로 하여금 다시 새 제도의 반상을 정한 것이니라"고 하면서 도문 내에서 일체의 반상구별을 금하였다. 『천도교 경전』, 387-388쪽.

한 평등사상에 큰 감명을 받았을 터이다.[28] 갑오년 동학군의 폐정개혁안 12개조 가운데에 "노비문서는 불태워버릴 것", "칠반천인의 대우는 개선하고 백정 머리에 쓰는 평양립은 버릴 것"이라는 두 조항은 전봉준이 조선의 신분제도에 철저하게 반대하였음을 분명히 보여준다.[29] 전봉준은 신분의 철폐라는 동학의 이상을 실현하려고 하였던 것이다.

그러면 전봉준은 동학의 개벽 사상은 어떻게 받아들였을까? 우리에게 그것을 알려주는 직접적인 기록은 없다. 그는 심문과정에서 "동학에 들어가면 능히 괴질을 면할 수 있다는데 과연 그러한가?"라는 질문에 "동학경전에서 말하기를 3년괴질이 앞으로 있으니 경천수심하면 그를 면할 수 있다고 한다"라고 답했다.[30] 공초供招에 나오는 이 기록을 갖고서는 전봉준이 과연 동학의 그러한 가르침을 진실로 믿었는지에 대해서는 확답을 내릴 수 없다. 단지 우리는 그가 이끈 동학군이 "오만년수운대의五萬年受運大義"라는 기를 지니고 또 "오만년대운五萬年大運"이라는 머리띠를 둘렀음을 알고 있다.

---

28) 전봉준은 공초에서 자신은 동학을 "매우 좋아한다"[酷好]고 실토하였는데 그는 그 이유를 "동학은 마음을 지키고 하늘을 공경하는 도"이기 때문이라고 하였다. 신복룡, 앞의 책, 328쪽.

29) 오지영, 앞의 책, 136쪽. 전봉준과 같은 고부 사람이었던 강증산에 따르면 전봉준은 "상놈을 양반 만들어주려고" 하였다. (『도전』 2:29)

30) 신복룡, 앞의 책, 330쪽.

여기서 '오만년 운수'는 수운가사(「용담유사」, 「검결」)에 나오는 표현이다. 이는 우주가 12만 9천 600년을 주기로 순환한다는 소강절의 순환적 우주론에 바탕을 둔 것으로 보인다. 송대의 철학자 소강절은 우주의 순환주기를 '일원一元'이라고 하였는데 일원은 12회會로 이루어진다. 그는 12지지의 이름을 12회에 붙였는데 "하늘은 자에서 열리고 땅은 축에서 열리며 사람은 인에서 생겨난다"라고 하였다. 소강절의 우주순환론은 주자에 의해 수용되고 이는 다시 조선에도 받아들여졌다. 그리고 16세기 화담 서경덕과 그 제자들에 의해 깊이 연구된 후 조선의 선비들에게 널리 퍼졌다. 이제 천지가 12만년을 주기로 순환무궁한다는 것은 일종의 상식으로 자리잡게 되었다.[31]

그런데 12만 9천 600년의 주기가 어떻게 해서 조선말에 선천 오만년과 후천 오만년으로 변했는지는 명확하지 않다. 분명한 것은 수운의 경우 시운의 순환을 믿었으며 개벽으로 후천 오만년이 열릴 것으로 믿었다는 점이다.

그러므로 전봉준이 이끄는 동학군이 '오만년대운'이라고 한 것은 개벽으로 도래할 새로운 후천선경을 의미하는 것임은 의심의 여지가 없다. 요컨대 오만년대운이라는 표현을 동학군의 깃발에 새긴 것은 동학혁명에 참여한 민중들이 새로운 세상의 도래에 대해 갖고 있던 기대와 믿음을 보여준다 할 것이다. 동학군

31) 구만옥, 「16세기말-17세기초 주자학적 우주론의 변화」, 183-184쪽.

대장 전봉준이 개벽에 대해 개인적으로 믿음을 갖고 있었는지 여부와는 상관없이 중요한 것은 개벽 사상이 동학혁명에서 민중을 동원하는 이념으로 작용하였다는 점이다. 동학혁명 참여자들은 '무위이화'로써가 아니라 혁명적 집단행동을 통해 새로운 세상이 열릴 것으로 믿었던 것이다.

3) 해월의 개벽론

그러나 이러한 다수 민중들의 신념을 모두가 공유한 것은 아니다. 혁명 당시 동학의 교주였던 해월은 아직은 때가 오지 않았다고 생각하였다. 그는 전라도 각처에서 전봉준을 비롯한 남접 접주들이 기포하였던 4월에 전봉준에게 경거망동하지 말 것을 요청하는 경고문을 보냈다. "운運이 아직 미개未開하고 시時가 또한 미지未至하였으니 망동치 말고 진리를 익구益究하여 천명을 물위勿違하라"는 내용이었다.[32] 아직 후천오만년의 운이 열리지 않았다는 것이다. 1871년 이필제의 난으로 곤욕을 치른 적이 있던 해월이 조심스런 태도를 취한 것은 당연한 것이리라. 그렇다면 이렇게 갑오년 4월에는 동학의 기포에 반대하였던 해월이 9월에는 입장을 바꾸어 북접으로 하여금 남접의 2차 기포에 가담하도록 허용한 것은 무엇 때문일까? 그것은 때가 왔다고 판단해서가 아니라 곤혹스런 정치적 상황 때문이었다고 보인다.[33]

---

32) 『侍天教宗繹史』, 104쪽.

9월 중순에 남접이 재기포한 이후 동학도에 대한 침학이 극에 달했다. 북접의 경우 기포한 것도 아니었는데 경기도, 충청도 일대에서 관과 양반 유생들의 민보군에 의한 동학도의 참살이 연이어 일어났다. 옥석이 구분되지 않고 모두 불에 탔던 것이다. 이에 손병희, 손천민 등 북접의 접주들이 기포하기를 청원하자 해월은 처음에는 거절하였지만 이들이 재차 청원하자 "중의일치 衆義一致하면 역차亦此 천의天意니 동動함이 가可하다"라고 기포를 허락하였던 것이다.[34] 즉 해월에게 있어서 북접의 참전은 스스로를 지키기 위한 방어적인 것으로 세상을 바꾸기 위한 혁명적 봉기와는 거리가 있었다.

여기서 우리는 당시 동학의 교주 해월의 개벽관을 검토해볼 필요를 느끼게 된다. 수운을 계승한 해월은 사실 수운의 사상을 나름대로 재해석하여 동학사상을 새로이 정립하였다. 특히 범신론적인 그의 신관은 수운과는 다른 독특한 해석이었다.[35] 그렇다면 해월의 개벽관도 그러한 독특한 해석을 보이는가? 먼저 해월의 개벽관도 수운처럼 운수순환을 전제로 함을 지적해야 할

---

33) 원광대 교수인 박맹수씨는 「金洛鳳履歷」을 근거로 해월이 전봉준의 기포를 승인했다는 주장을 한다. 「동학농민전쟁기 해월 최시형의 활동」, 176쪽.

34) 「천도교회사 초고」, 341쪽.

35) 입장에 따라서는 해월의 해석은 수운의 사상을 왜곡한 것이라 할 수 있다. 이러한 측면에서 동학의 실패를 논한 것으로는 차성환의 흥미로운 주장이 있다. (「한국근대화와 동학 지식인의 사고구조 – 동학 공동체의 신개념 변형의 사회학적 의미」)참조.

것이다. 그는 만물의 성쇠, 명암의 뒤바뀜은 천도의 운이고 흥망
과 길흉이 교차함은 인도의 운이라고 하였다.[36] 그는 선천과 후
천이라는 말을 사용하였는데 선천의 운과 후천의 운이 다르다고
하였다. 선후천의 운이 교차하는 개벽의 시기에는 "천지도 편안
치 못하고" 산천초목과 모든 동물들이 편안치 못하다. 그러므로
유독 인간만이 편안할 수는 없다는 것이다. 그는 또 이 개벽의
때에 선천과 후천의 운이 서로 다투므로 사람도 싸우게 된다고
하였다. 갑오 동학혁명도 이러한 선후천의 갈등으로 인해 일어
난 것으로 단지 사람들의 뜻만으로 일어난 것은 아니다.[37] 해월
은 갑오년의 사건을 천지의 운수가 뒤바뀌는 것에 따라 낡은 정
치가 새로운 정치로 바뀌어야 하는데 그렇지 못해서 일어난 불
가피한 혼란으로 설명한다.[38]

　그러나 개벽에 관한 해월의 설법을 살펴보면 그의 개벽 사상
이 수운과는 몇 가지 면에서 다르다는 것을 알 수 있다. 하나는
괴질운수에 대해 언급하지 않았다는 점이다. 이는 수운이 괴질
운수를 다시개벽과 동일시하였다는 것을 생각해 본다면 상당히
놀라운 점이라 하지 않을 수 없다. 유감스럽게 우리는 해월이 왜

---

36) ‘盛而久則衰요 衰而久則盛이요 明而久則暗이요 暗而久則明이니 盛衰明暗은
　　是天道之運也요 興而後에 亡이요 亡而後에 興이요 吉而後에 兇이요 兇而後에
　　吉이니 興亡吉凶은 是人道之運也라." (『천도교 경전』 「개벽운수」)

37) 『천도교 경전』 「吾道之運」.

38) 『천도교 경전』 「개벽운수」.

236　잃어버린 상제문화를 찾아서 _ 동학

괴질운수를 언급하지 않았는지 그 이유를 알지 못한다.[39] 다른 하나는 수운이 개벽기 자연의 격변에 대해 구체적으로 언급하지 않았던 반면 해월은 그러한 변화에 대해 언급하였다는 점이다. 그는 현도顯道의 시기를 묻는 한 제자의 물음에 "산이 다 검게 변하고 길은 다 비단으로 덮일 때요, 만국과 교역할 때이니라"라고 하였다.[40] 현도의 시기가 개벽의 시기를 의미함을 염두에 둔다면 개벽은 자연의 격변을 수반할 뿐 아니라 물질문명과 경제가 고도로 발달한 후에 도래한다고 생각했음을 알 수 있다.

또 하나 주목할 것은 해월이 수운이 언급하지 않은 병란兵亂에 대해 말했다는 점이다. 그는 현도의 시기에 대해 "만국병마가 우리나라 영토 내에 왔다 물러갈 때"라고 하였다. 이는 개벽기의 병란兵亂 즉 세계전쟁을 의미하는 것으로 보인다.

마지막으로 눈에 띠는 것은 수운이 사용하지 않았던 '후천개벽'이라는 용어를 사용하였다는 점이다. 그는 한 설법에서 말하기를 "대신사께서 늘 말씀하시기를 이 세상은 요순공맹의 덕이라도 부족언이라 하셨으니 이는 지금 이 때가 후천개벽임을 이

---

39) 『천도교 경전』「해월신사설법」. 그는 "온전하고 한결같은 정성과 믿음으로써 먼저 마음을 화和하게 하고 기운을 화和하게 하면" 자연의 감화로써 만병이 저절로 낫는다고 하였는데 과연 괴질도 이처럼 나을 수 있다는 믿음을 가지고 있었는지는 의문이다.

40) 『천도교 경전』「개벽운수」. 이 말을 한 것은 『侍天教宗繹史』에 의하면 1891년 12월 충주 외서촌에서라고 한다. 『侍天教宗繹史』, 79쪽.

름이라. 선천은 물질개벽이요 후천은 인심개벽이니 장래 물질발명이 그 극에 달하고 여러 가지 하는 일이 전례 없는 발달을 이룰 것이니 이때에 있어서 도심은 더욱 쇠약하고 인심은 더욱 위태할 것이며 더구나 인심을 선도하는 선천도덕이 때에 순응치 못할 것이니라"고 하였다.[41] 물질과 인심도덕 사이의 불일치가 개벽을 불러온다는 뜻이리라. 해월은 또 다른 설법에서는 "선천이 후천을 낳았으니 선천운이 후천운을 낳은 것이라"고 선천과 후천의 관계를 설하였다.[42]

동학혁명이 실패로 돌아간 후 해월은 목숨을 건 도망자의 신세가 되었다. 그러나 그가 후에 한 말을 보면 동학혁명에 대한 그의 생각이 갑오년과는 크게 바뀌었음을 확인할 수 있다. 한 제자로부터 갑오년의 전란으로 인해 동학에 대해 비판과 원성의 소리가 높아졌다는 지적을 받자 "갑오년의 일은 인사로 된 것이 아니요, 천명으로 된 것"이라고 논박하였다. 동학혁명은 자신이나 동학의 지도자들이 어찌할 수 없었던 사태로서 거기에는 하늘의 뜻이 있었다는 것이다. 그는 더 나아가 "갑오년과 같은 때가 되어 갑오년과 같은 일이 있게 되면 우리나라 일이 이로 말미암아 빛나게 되어 세계인민의 정신을 환기시키게 될 것"이라고 하였다. 그가 보기에 동학혁명은 새로운 세상에 대한 가능성을

---

41) 『천도교 경전』 「해월신사설법」.
42) 『천도교 경전』 「개벽운수」.

보여준 세계사적 대사건이었다.[43] 다시 말해 갑오년의 동학혁명은 새로운 세상을 부르짖은 것이었다.

4. 강증산의 후천개벽사상

글머리에서 언급한 것처럼 증산 강일순은 개벽사상가였을 뿐아니라 스스로를 개벽의 주재자라고 선언하였다. 그는 동학에도비상한 관심을 보였는데 그것은 단순한 관심 이상의 것이었다. 동학혁명이 일어나던 해 강증산은 24세의 젊은 나이였다. 그는자신의 고향에서 일어난 고부 민란과 동학혁명의 전개과정을 커다란 관심을 갖고 지켜보았다. 동학혁명이 실패로 끝나고 그 와중에서 많은 사람들이 희생되는 것을 목도하였던 그는 세상을널리 구하려는 결심을 하게 되었다. 유불선을 막론하고 다양한독서와 사색을 하는 한편 세태를 경험하기 위해 세상을 유력하였던 그는 1901년 모악산에서 치열한 수도 끝에 득도하였다. 그는 곧 온 천하가 개벽의 운을 당하여 멸망할 지경에 처해 있음을선포하고 세상을 건지기 위한 '천지공사'를 행하였다.

천지공사란 대체 무엇인가? 그는 그 물음에 대해 "천지의 가을운수를 맞아 생명의 문을 다시 짓고 천지의 기틀을 근원으로

---

43) 『천도교 경전』 「吾道之運」.

되돌려 만방에 새 기운을 돌리는 것"이라고 정의하였다.(『도전』 3:11) 여기서 '가을'은 우주가 성숙하여 열매 맺는 시기 즉 우주의 가을을 의미하는 것이며 개벽은 바로 우주가 여름에서 가을로 바뀌는 하추교역기에 일어나는 일대 격변이다. 강증산은 우주에도 봄·여름·가을·겨울의 계절적 주기가 있다고 보았다. 그는 괴질에 대해 말할 때 "선천의 모든 악업과 신명들의 원한과 보복이 천하의 병을 빚어내어 괴질이 되느니라"고 하면서 "봄과 여름에는 큰 병이 없다가 가을에 접어드는 환절기가 되면 봄여름의 죄업에 대한 인과응보가 큰 병세를 불러일으키느니라… 천지대운이 이제서야 큰 가을의 때를 맞이하였느니라"(『도전』 7:38)고 하면서 우주의 계절적 순환을 언급하였던 것이다. 그에게 있어서 우주의 가을에 오는 후천개벽은 우주의 봄 여름 선천세상이 지은 악업의 결과였다.

강증산이 행한 9년간의 천지공사는 세상이 이러한 개벽의 운수에 처해 있다는 것을 전제로 한다. 그의 가르침 역시 개벽에 초점이 맞추어져 있었다. 이것이 증산 사상이 수운이나 동학의 사상과 다른 점이다. 이런 면에서 강증산은 진정한 개벽사상가였다. 우리는 그의 개벽 사상의 특징을 살펴보기 전에 먼저 앞의 장과 연관하여 동학혁명에 대한 그의 평가를 간략히 살펴보려고 한다. 증산은 자신을 수운에게 동학의 가르침을 내린 상제로 제시하였을 뿐 아니라 자신의 가르침을 참동학이라고 선언하였기 때문에 동학교도들이 일으킨 동학혁명에 대해 그가 어떠한 평가를 내렸는지 살펴보는 것은 피할 수 없는 과제이다.[44]

1) 동학혁명에 대한 평가 - 동세와 정세

증산은 수운이 동세動世를 맡았다면 자신은 정세靖世를 맡았다고 하였다.(『도전』 2:31) 동세가 세상을 혼란스럽게 하는 것이라면 정세는 세상을 안정되게 한다는 뜻이다. 우리가 앞에서 살펴보았듯이 동학의 창시자 수운이 혁명을 선동하거나 혁명을 꾀한 것은 아니다. 그러나 그의 사후 동학 내부에는 급진파들 즉 혁명적 세력이 존재하였다. 이들은 수운이나 해월이 가르치듯 수심정기와 같은 개인적 수행에 머무는 것으로 만족하지 않았다. 전봉준은 그러한 급진파의 대표적인 인물이었고 그가 주도한 난은 결국 청일전쟁을 비롯한 세계적 대란을 불러일으켰다.[45]

---

44) 그는 상제로서 수운에게 "천명天命과 신교神敎"를 내렸지만 수운이 "유가의 낡은 틀"을 벗어나지 못해 자신이 몸소 이 땅에 내려왔다고 하였을 뿐 아니라(『도전』 2:30), 자신의 가르침이 '참동학'이라고 하였다.(『도전』 2:94)

45) 청일전쟁은 일본의 승리로 끝났지만 강화조약의 결과 요동반도를 일본이 차지하게 되었다. 이것이 러시아와 독일, 프랑스 3국의 간섭을 불러와 일본은 요동반도를 중국에 돌려주어야 하였다. 그러나 이는 삼국간섭을 주도한 일본의 원한을 낳았으며 이는 다시 러일전쟁으로 귀결되었다. 삼국간섭 국가들은 간섭의 대가로 중국으로부터 상당한 이권을 챙기게 되었다. 러시아는 요동반도의 기지를 조차할 권리와 만주 철도부설권을 얻어냈으며 독일도 교주만의 조차지를 차지하였다. 프랑스는 서남부 중국에서 이권을 획득하였다. 삼국간섭을 계기로 중국은 서양 열강들의 세력권으로 분할되기 시작하였다.

그런 의미에서 증산은 "전명숙의 동은 곧 천하의 난을 동케 하였다"고 하였던 것이다. 그러나 증산은 동세라는 것을 반드시 부정적으로 보지 않았다. 전봉준에 대한 평가에서 그러한 생각이 잘 드러나 있다. "전명숙(명숙은 전봉준의 자字이다—필자)이 거사할 때에 상놈을 양반 만들어 주려는 마음을 두었으므로 죽어서 잘 되어 조선 명부 대왕이 되었느니라"라는 말이나(『도전』 2:29) "전명숙이 도탄에 빠진 백성을 건지고 상민들의 천한 신분을 풀어 주고자 하여 모든 신명들이 이를 가상히 여겼다"(『도전』 4:10)는 것은 모두 전봉준이 난을 일으킨 동기의 고귀함을 인정한 말들이다. 또 전봉준이 백의한사로서 천하를 동케 한 만고의 명장이라 한 것도 같은 평가에 속한다.(『도전』 5:339)

그러나 증산이 보기에 원래 동학은 보국안민을 주장하였으나 실제로 동학혁명에 가담한 많은 사람들은 개인적 욕심이 있었다. "마음으로 왕후장상을 바라다가" 뜻을 이루지 못하고 죽은 사람들이 많았던 것이다. 이들은 다른 말로 하자면 동학의 개벽 사상을 믿고 새로운 세상에서 부귀영화를 누려보려는 욕심을 품었던 것이다. 이러한 '동학 역신들'이 가진 원한이 매우 크다는 것을 지적한 증산은 이들의 원한을 해소시키지 않으면 새로운 세상을 건설하는 일이 가능하지 않을 것이라고 보았다.(『도전』 5:205) 그리하여 그는 동학 접주의 아들이었던 차경석을 내세워 이들의 해원을 위한 천지공사를 행하였다.[46]

다른 한편 증산은 전봉준을 비롯한 동학도들이 갑오년 9월 척왜를 내세우고 기포한 것에 대해 그 어리석음을 질타하였다. 동학도들이 "일본 사람이 3백년 동안 돈 모으는 공부와 총쏘는 공부와 모든 부강지술을 배워 온 것"을 모르고 아무런 준비도 없이 일본에 대해 전쟁을 도발하였음을 힐난하였던 것이다.(『도전』 5:4)

그는 동학신도들이 수운의 「안심가」를 잘못 해석하여 난을 일으켰다고 하였는데 이는 동학신도들이 '하늘님의 조화'가 있으면 왜적을 하룻밤에 멸할 수 있다는 수운의 말을 곧이곧대로 받아들인 것을 지적한 것이다.[47]

그러나 동학은 이러한 어리석음을 범했지만 새로운 세상의 도래를 알린 공적이 있다고 보았다. "최수운은 내 세상이 올 것을 알렸고 김일부는 내 세상이 오는 이치를 밝혔으며 전명숙은 내 세상의 앞길을 열었느니라"(『도전』 2:31)는 증산의 말은 그런 의미로 볼 수 있을 것이다.[48] 후천세상의 도래를 수운은 다시개벽을 통해 알리고 전봉준은 동학혁명을 일으켜 그것을 현실로 만들려

---

46) 차경석의 부친은 갑오년 정읍에서 5천 명의 농민군을 이끌고 기포한 차치구(본명 차중필)였다. 차경석의 차남 차용남 씨에 의하면 차치구는 전봉준의 친구였으며 동학혁명에 참여한 것도 전봉준의 설득에 의해서였다고 한다. 박종렬, 『차천자의 꿈』, 23-24쪽.

47) "내가 또한 신선 되어 비상천 한다 해도 개같은 왜적놈을 하늘님께 조화 받아 일야에 멸하고서"(「안심가」)

48) 김일부(1826~1898)는 정역을 통해 후천개벽의 원리를 정립하였다. 윤종빈, 『정역과 주역』 참고.

고 하였다. 그러나 주지하다시피 전봉준의 동학혁명은 참담한 희생만 남기고 실패로 돌아갔다. 난을 동케 하였으나 그 수습은 증산의 과제였다. 그는 수운에게 "천명과 신교"를 내렸지만 수운이 그 가르침을 제대로 펴지 못했으므로 이제 이 지상에 내려와 스스로 '참동학'을 실현해야만 하였다. 그는 "내가 천지를 개벽하고 조화정부를 열어 인간과 하늘의 혼란을 바로 잡으려다가 삼계를 두루 살피다가 너의 동토에 그친 것은 잔피에 빠진 민중을 먼저 건져 만고에 쌓인 원한을 풀어주려 함이라"고 하면서 "나를 믿는 자는 무궁한 행복을 얻어 선경의 낙을 누리리니 이것이 참동학"이라고 선언하였다.(『도전』 3:184) 요컨대 그는 개벽을 제시만 하는 데 그치지 않고 천지공사를 통해 역사에 누적되어 온 원한을 해소하고 새로운 세상의 기틀을 놓는 일을 하였던 것이다. 이것이 그가 말한 정세의 의미이다.

2) 증산의 개벽 사상

여기서 우리는 증산의 개벽사상의 전모를 낱낱이 이야기할 수는 없다. 그것은 본고의 범위를 넘어서는 일이다.[49] 단지 동학의 개벽 사상과 비교해 볼 때 증산의 개벽사상이 갖는 몇 가지 특징들을 지적하는 데 그치기로 한다.

---

49) 안경전, 『개벽 실제상황』은 증산의 개벽 사상을 깊이 소개한 책이다.

무엇보다 먼저 지적해야 할 것은 증산의 개벽 사상은 운수의 순환론을 넘어 생장염장이라는 우주의 일정한 변화법칙에 토대를 두었다는 점이다. 이는 수운에게서는 보이지 않는 점이다. 우주도 크게 보면 지구처럼 계절의 주기적 변화를 겪는다. 이것이 생장염장이다. 앞에서 말했듯이 송대의 소강절은 원회운세설로서 이러한 우주의 변화를 설명하였다. 증산은 "알음은 강절의 지식이 있나니 다 내 비결이니라"(『도전』 2:32)고 하여 소강절의 설을 그대로 인정하였다. 그러나 증산은 한 걸음 더 나아가 우주의 봄·여름에 해당하는 선천 5만년이 상극의 원리에 의해 지배되며 이것이 인간세상에서는 천지간의 끊임없는 전란으로 나타난다고 보았다. 이는 천하를 원한으로 가득 채우게 되는데 이것이 선천 세상의 운명이다.(『도전』 2:17) 이러한 원한은 누적되어 선천 세상의 말기에 폭발단계에 도달한다. 이것이 개벽을 초래하는 동력으로 작용한다.

여기서 증산은 개벽을 설명하는 데 신도神道적 차원을 개입시킨다. "천지개벽을 해도 신명 없이는 안 된다"는 말이 그러한 생각을 단적으로 드러낸다.(『도전』 2:44) 구체적으로 증산의 설명을 들어보자. 상극의 원한이 폭발하면 우주가 멸망할 가능성이 있기 때문에 천지의 여러 신명들이 천상의 상제에게 호소하게 되었다. 그 호소를 거절할 수 없었던 우주의 주재자인 상제가 이

세상에 내려와 원한의 폭발을 막고 새로운 세상을 열게 된다. 증산의 개벽사상에서는 신명들의 개입 없이 저절로 개벽이 이루어지고 후천 세상이 도래하지 않는다. 우주의 이법이 신명들을 통하여 현실로 구현된다는 것이 증산 사상의 특징이었다.

증산의 개벽 사상에서는 우주의 주재자인 상제가 결정적인 역할을 한다. 이는 수운이나 해월의 개벽 사상에서는 전혀 찾아볼 수 없는 것이다. 수운은 개벽시의 일을 상제가 상세하게 알려준 것으로 말했지만 그의 다시개벽에서는 상제가 어떤 역할도 하지 않는다. 반면 증산의 개벽 사상에서는 위에서 본 것처럼 우주의 여름철 끝에 천지신명들의 간청에 따라 이 세상을 원한의 폭발로부터 건져내고 상극의 세상을 상생의 세상으로 만들기 위해 우주의 주재자가 이 땅에 내려온다. 그는 선천 세상에 쌓인 원한을 해소하고 상생의 원리가 지배하는 후천선경을 위한 도수를 짜는 천지공사를 행한다. 이러한 천상의 주재자가 이 땅에 왔으니 그가 바로 강증산 자신이라고 하였다.[50]

수운도 괴질에 대해 말했지만('십이제국 괴질운수') 그것은 대단히

---

50) 증산이 자신이 천상의 상제임을 밝힌 대표적인 구절은 『도전』 2:30이다. 이마두를 비롯한 여러 신성들과 불타 및 보살들이 삼계의 혼란을 호소하매 자신이 이를 거절하지 못하고 천하를 대순하다가 금산사 미륵상에 30년 동안 지내면서 최수운에게 천명과 신교를 내렸으나 수운이 능히 대도의 참빛을 열지 못하여 신미년(1871)에 인간의 몸으로 이 땅에 탄강하였다고 한다. 그러므로 동경대전과 수운가사에서 말하는 상제는 자신일 수밖에 없다.

막연한 언급에 그쳤다. 왜 개벽기에 온 세상에 괴질이 만연하는 지 수운은 설명하지 못했다. 반면 증산은 괴질의 원인을 분명히 제시한다. 증산에 의하면 괴질은 "선천의 모든 악업과 신명들의 원한과 보복이 빚어내는 것"이다.(『도전』7:38) 다른 말로 하자면 "봄여름의 죄업"이 우주의 가을로 접어드는 환절기에 큰 병세를 불러일으키는데 그것이 괴질로 나타난다. 이러한 괴질을 통해 사람들을 죽이는 신명을 '괴질신장'이라고 하였다.(『도전』7:50) 괴질신장은 "천명을 받고 세상에 내려오는" 신명이다. 이러한 괴질에는 세상에서 개발한 약이나 의술이 효과가 있을 리 없다. 개벽기의 괴질은 전세계의 전쟁을 그치게 할 정도로 막강하다. 괴질이 만연하면 마지막 세계전쟁에 돌입해 있던 나라들이 병력 을 서둘러 철수시키게 된다.

　증산은 구체적으로 개벽기의 괴질이 어디서 시작되어 어떻게 확산될 것인지 또 그 병에 대한 해결책이 무엇인지 상세히 일러 준다. 처음 발병하는 곳은 조선이요, 조선을 49일간 휩쓴 후 괴 질은 외국으로 건너가 무려 3년간이나 횡행한다.(『도전』7:39) 이 러한 병겁은 엄청난 희생자들을 낳는다. 증산의 표현에 따르면 "논 물꼬에 새우떼 밀리듯" 주검이 쌓일 것이다.(『도전』5:291) 개 벽기에 인류는 그야말로 "진멸지경"에 이른 것이다. 그러나 병 겁에서 살아날 방도가 없는 것은 아니다. 그것이 신비스러운 의 통醫統이다. 증산은 "모든 기사묘법을 다 버리고 오직 비열한 듯

한 의통을 알아두라"고 하였는데 이 의통은 그가 전수하는 구원의 법방이다.[51]

증산의 개벽사상에서는 자연의 대격변이 예고된다. "동서남북이 눈 깜짝할 사이에 바뀌는" 일이 일어난다.(『도전』 2:73) 소위 지축의 정립이다. 기울어진 지축이 순식간에 바로 서면 산이 뒤집히고 땅이 쩍쩍 벌어질 것이다.(『도전』 7:23) "천지가 뒤집어 진다"는 표현이 적절하리라.(『도전』 7:57) 바다가 육지가 되고 육지가 바다가 됨에 따라 졸지에 사라지는 나라가 있을 것이며 또 새로운 땅이 생겨나기도 할 것이다.[52]

개벽기에는 지구촌 최후의 대전쟁인 상씨름이 있다. "상씨름으로 종어간終於艮이니라. 전쟁으로 세상 끝을 맺나니 개벽시대에 어찌 전쟁이 없으리요" 라는 말이 그것을 말해준다.(『도전』 5:415) 여기서 '간艮'은 한반도를 말한다. 증산 개벽 사상에 대해 심도 있는 책을 쓴 증산도의 안경전 종정은 한반도를 둘러싼 주변 4대 강국의 복잡하게 얽힌 힘의 역학관계가 상씨름으로 나타

---

51) 안경전은 의통을 "병든 세계를 살려 통일한다는 의미로서 후천의 새 문명세계를 열기 위해 병든 하늘과 땅, 인간과 신명을 모두 고쳐 통일하는 구원의 법방"이라고 해석하였다. 『개벽 실제상황』, 446쪽.

52) 안경전, 앞의 책, 406쪽. 안경전은 일본열도가 화산폭발로서 바다 속으로 가라앉을 것이라는 동경대 다치바나 교수의 말과 미국과 유럽의 상당 부분이 바다 속으로 잠기게 될 것이라는 루스 몽고메리의 예언을 소개하고 있다. 407-

나게 될 것으로 보았다. 상씨름 전쟁은 "선천 역사를 종결짓고 천지의 새 역사 판을 열어나갈 개벽전쟁"이며 "천지의 상극질서를 가을 신천지 상생의 질서로 바꿀 천지전쟁"이다.[53] 그런데 이 상씨름 전쟁에 이어 괴질이 발병한다. 괴질로 인해 상씨름이 종결된다. 병란兵亂이 병겁病劫으로써 종식되는 것이다.

후천세상은 동서양의 문명이 통일을 이룬 세계로 제시된다. 이는 서양의 위협만을 강조한 수운의 생각보다 훨씬 포괄적인 관점을 전제로 한다. 서양의 문명이기文明利器는 "천국의 문명을 본뜬 것"이라는 것이 증산의 통찰이었다.(『도전』 2:30) 그러므로 후천세계는 이제까지 대립하던 동서양 문명을 높은 차원에서 통일한 새로운 통일문명이다. "선천의 악폐와 상극의 기세를 속히 거두어 선경세계를 건설하리니 장차 동서양을 비빔밥 비비듯 하리라"(『도전』 2:58)는 선언이나 "각 족속의 모든 문화의 진액을 모아 후천문명의 기초를 정한다"(『도전』 4:18)는 말이 후천문명의 통일적 성격을 분명히 드러낸다.

조선에 대한 비전도 제시된다. 수운은 우리나라의 운수를 다른 나라보다 나은 것으로 이야기하는 정도에 그쳤지만[54] 증산은

412쪽 참조. 증산은 중국과 한국, 일본 사이에 있는 바다가 사라져 하나의 땅이 될 것이라고 하였다.(『도전』 7:18)

53) 안경전, 앞의 책, 381쪽.

54) "십이제국 다버리고 아국운수 먼저하네." (「안심가」)

훨씬 구체적으로 우리나라의 운수를 언급한다. 앞에서 언급한 것처럼 개벽기의 병겁이 조선에서 먼저 시작되지만 그로부터 구원을 얻을 수 있는 방도도 조선에서 나온다.(『도전』 7:40) 이는 한국이 세상을 구원할 나라임을 의미한다. "만국활계남조선萬國活計南朝鮮"이라는 싯구가 그것을 잘 드러내주는 것일 터이다. 더나아가 증산은 조선이 장차 천하의 일등국이 되며 도주국이 될것이라고 하였다.(『도전』 7:83) 망해가고 있던 조선에 대해 증산은이러한 놀라운 비전을 제시하였던 것이다. 해동 조선은 상제가이 땅에 인간의 몸으로 와서 새로운 세상을 열기 위한 천지공사를 행하고 또 개벽기의 병겁으로부터 구원 받을 수 있는 법방을전한 곳이다. 이러한 조선이 천하 일등국, 도주국이 되는 것은당연한 일일 것이다. 그래서 증산은 "세계대운이 조선으로 몰아들고 있다"고 하면서 기회를 놓치지 말 것을 당부하였다.(『도전』 2:36)

5. 결어

개벽 사상은 동학의 핵심사상 가운데 하나였다. 수운은 당시의 사람들이 천명을 순종하지 않고 '각자위심'으로 살아가는 세태를 한탄하고는 이러한 도덕적 혼란이 지배하는 세상이 곧 다시개벽에 직면할 것이라고 보았다. 수운의 다시개벽에서 가장 중요한 요소는 십이제국 괴질운수였다. 이는 개벽에 직면한 세상이 치러야 할 대가이다. 그는 개벽기의 괴질에 대한 대처방안으로서 하늘님을 공경하는 것 즉 시천주를 제시하였다.[55] 다른 한편 그는 수심정기를 통해 성경誠敬으로 수련을 하면 무극대도가 이루어질 것이라고 하였다.[56] 수심정기를 통해 누구나 지상신선과 같은 존재가 되면 지상천국이 무위이화로 도래한다.[57] 이처럼 수운의 개벽 사상은 수심정기로 대변되는 개인적 수행에 대한 강조로 귀결되었다.

개벽사상이 개인적 수행의 차원을 넘어 조선 사회를 변혁하려는 혁명적 움직임으로 발전하게 된 것은 2세 교주 해월 하에서였다. 수심정기와 무위이화에 만족하지 못하고 정치적 활동을 통해 새로운 세상을 열기를 원하는 급진파들이 등장하였다. 교조신원 운동은 이들로부터 기원하였는데 이들은 교조신원 운동기에 그 세력을 크게 확대하여 해월의 통제로부터 벗어난 독자 세력을 형성하였다. 갑오년 호남의 남접은 이러한 급진세력의 주축이었다. 전봉준을 위시한 동학의 급진파는 고부의 농민반란을 새로운 세상을 열 기회로 이용하였다. 해월은 처음에는 남접

---

55) "그말저말 다던지고 하늘님을 공경하면 아동방 삼년괴질 죽을 염려 있을소냐." (「권학가」)
56) "성경이자 지켜내어 차차차차 닦아내면 무극대도 아닐런가." (「도수사」)
57) 이러한 해석에 대해서는 윤석산, 『동학교조 수운 최제우』, 266쪽 이하 참조.

의 봉기를 승인하지 않았으나 동학교도들에 대한 관군의 무차별적인 학살소식을 듣고 북접이 남접의 봉기에 가담하도록 승인하였다.

동학의 교문 전체가 동원된 갑오년의 투쟁은 결국 참담한 패배로 끝이 났다. 무장면에서 열세였던 동학군은 엄청난 희생자를 남기고 흩어졌으며 곧 가혹한 탄압과 살육이 뒤따랐다. 혁명을 통하여 새로운 세상을 열어보려던 동학도들의 이상은 현실의 벽에 부닥쳐 좌절되었다. 동학혁명의 실패는 조선의 민중들에게 커다란 환멸과 실망감을 가져다주었다. 예전에 동학교문에 몸담았던 많은 사람들이 동학을 탈퇴한 것이 그것을 방증해 준다.

이러한 절망의 시기에 나타난 강증산은 동학의 한계를 비판하면서 동학의 다시개벽 사상보다 훨씬 풍부하고 발전된 개벽사상을 제시하였다. 그것은 생장염장으로 대변되는 우주의 변화법칙에 근거해 있을 뿐 아니라 신도적 차원을 개입시킨다. 상극의 원리가 지배하는 선천의 악업이 신명들의 원한과 보복을 빚어내며 이것이 개벽기의 괴질을 초래한다. 이러한 괴질과 더불어 세계 전쟁인 상씨름과 자연의 대격변이 개벽기에 인류에게 닥친다. 그러나 개벽은 상생의 원리가 지배하는 후천세상을 여는 시련의 과정이다. 이제 동서양 문명을 통일한 새로운 통일문명이 출현한다. 증산은 또 한국이 개벽기의 괴질로부터 살아날 방안이 나오는 나라, 후천세계를 이끌 도주국道主國으로 제시하였다.

증산은 동학이 세상을 혼란스럽게 하면서 세상을 바꾸려고 하였다고 하면서 동학은 후천세상을 부르짖은 것에 불과하다고 비판하였다. 반면 자신은 이 세상에 안정을 가져다주면서 새로운 세상을 열려고 한다고 선언하였다. 그는 개벽기를 맞아 "혼란하기 짝이 없는 말대의 천지를 뜯어고쳐 새 세상을 열고 비겁에 빠진 인간과 신명을 널리 건져 각기 안정을 누리게 하리니 이것이 곧 천지개벽"이라고 선언하였다.(『도전』 2:42) 그의 천지공사는 이제까지 역사에 누적된 세상의 원한을 해소하고 인간들 뿐 아니라 갖가지 신명들과 함께 새로운 세상의 기틀을 놓은 활동이었다. 이는 그가 개벽의 주재자임을 전제로 하는 것이다. 이런 면에서 그는 개벽사상가에 그치지 않는다. 그는 새로운 세상을 열기 위한 후천개벽 운동의 창시자일 뿐 아니라 그 운동의 신앙대상이 되었다. "나를 믿는 자는 무궁한 행복을 얻어 선경의 낙을 누리리니 이것이 참동학이라"는 선언은 그것을 분명히 드러내주었다.

참고문헌

경전 및 1차 자료

천도교중앙총부, 『천도교 경전』, 서울: 천도교중앙총부 출판부, 1998.

증산도 도전편찬위원회 편찬, 『증산도 도전』, 서울: 대원출판사, 2003.

박정동, 『侍天敎宗繹史』, 경성부: 시천교본부, 1915.

단행본

강재언, 『한국근대사연구』, 서울: 한울, 1982.

김은정 외, 『동학농민혁명 100년 : 혁명의 들불, 그 황톳길의 역사찾기』, 서울: 나남, 1995.

김형기, 『후천개벽사상연구』, 서울: 한울아카데미, 2004.

김상기, 「동학과 동학난」 동학농민혁명기념사업회 편, 『동학농민혁명과 농민군 지도부의 성격』, 서울: 서경문화사, 1997.

동학농민전쟁 100주년기념사업추진회, 『동학농민전쟁자료집(1)』, 서울: 여강출판사,1991.

박종렬, 『차천자의 꿈』, 고양: 장문산, 2002.

부산예술문화대학 동학연구소 편, 『해월 최시형과 동학 사상』, 서울: 예문서원, 1999.

신규환, 『질병의 사회사』, 서울: 살림, 2006.

신복룡, 『전봉준 평전』, 서울: 지식산업사, 1998.

안경전, 『개벽 실제상황』, 서울: 대원출판사, 2005.

오지영, 『동학사』, 서울: 대광문화사, 1984.

우윤·이이화, 『대접주 김인배 동학농민혁명의 선두에 서다』, 서울: 푸른역사, 2004.

유영익, 『동학혁명과 갑오경장』, 서울: 일조각, 1998.

윤석산 역주, 『초기동학의 역사 : 도원기서』, 서울: 신서원, 2000.

윤석산, 『동학교조 수운 최제우』, 서울: 모시는사람들, 2004.

윤종빈, 『주역과 정역』, 대전: 상생출판, 2009.

최민자, 『동학사상과 신문명』, 서울: 모시는사람들, 2005.

표영삼, 『수운의 삶과 생각, 동학 1』, 서울: 통나무, 2004.

표영삼, 『해월의 고난 역정, 동학 2』, 서울: 통나무, 2005.

한국역사연구회 편, 『1894년 농민전쟁연구 3』, 서울: 역사비평사, 1993.

황현 저, 김종익 역, 『오하기문』, 서울: 역사비평사, 1995.

논문

구만옥, 「16세기말–17세기초 주자학적 우주론의 변화」, 『한국사상사학』 13, 1999.

박맹수, 「동학농민전쟁기 해월 최시형의 활동」, 부산예술문화대학 동학연구소 편, 『해월 최
　　　시형과 동학 사상』, 서울: 예문서원, 1999.

오문환, 「동학의 후천개벽사상」, 『동학학보』 1권, 2000.

윤이흠, 「동학운동의 개벽사상」, 『한국문화』 제8집, 1987.

장영민, 「최시형과 서장옥 – 남북접 문제와 관련하여」, 동학농민혁명기념사업회 편, 『동학
　　　농민혁명과 농민군 지도부의 성격』, 서울: 서경문화사, 1997.

장영신, 「동학농민운동연구」, 정신문화연구원 한국학대학원 박사 학위 논문, 1995.

차남희, 「최제우의 후천개벽 사상: 『정역』의 금화교역을 중심으로」, 『한국정치학회보』 41집
　　　제1호, 2007.

차성환, 「한국근대화와 동학 지식인의 사고구조 – 동학 공동체의 신개념 변형의 사회학적
　　　의미」, 『신학사상』 76집, 1992.

황선희, 「동학혁명인가 농민전쟁인가」, 『동학학보』 3권, 2002.

필자약력 (논문게재순)

강영한(康榮漢, Kang, Young-Han)

경북대학교에서 사회학박사학위를 받았다.

주요 논문으로는 「증산도의 문명전환에 대한 인식과 그 의의」(『증산도사상』 제4집, 2001), 「증산도에서 시간질서의 순환적 사유구조와 그 현재」(『증산도사상』 제6집, 2003), 「증산도의 남녀 동권同權 사상」(『증산도사상』 제7집, 2003) 등이 있다.

현재 증산도상생문화연구소 인문사회과학연구부장.

유 철(劉哲 You, Chul)

경북대학교에서 철학박사학위를 받았다.

주요 논문으로는 「증산도의 "原始返本"사상과 개벽」(『증산도사상』 제2집, 2000), 「증산도의 상생사상」(『증산도사상』 제4집, 2001), 「증산도의 해원解寃사상」(『증산도사상』 제5집, 2001), 「증산도의 보은報恩사상」(『증산도사상』 제7집, 2003), 「개벽시대가 요구하는 새로운 인간상」(『강증산의 생애와 사상』, 2002) 등이 있다.

현재 증산도상생문화연구소 연구지원부장.

원정근(元正根, Won, Jung-Keun)

고려대학교에서 철학박사학위를 받았다.

주요 논문으로는 「후천개벽과 인간개벽」(『증산도사상』 제2집, 2000), 「후천개벽과 천지」(『증산도사상』 제4집, 2001), 「왜 천지공사인가」(『강증산의 생애와 사상』, 2000) 등이 있다.

현재 증산도상생문화연구소 동양철학연구부 연구위원.

황경선(黃敬善, Hwang, Gyeong-Sun)

한국외국어대학교에서 철학박사학위를 받았다.

주요 논문으로는 「증산도의 생명사상」(『증산도사상』 창간호, 2000), 「상제와 우주생명」(『증산도사상』 제5집, 2001), 「증산도 우주론에서의 도수度數 개념」(『증산도사상』 제6집, 2003) 등이 있다.

현재 증산도상생문화연구소 서양철학연구부 연구위원.

김현일(金炫一, Kim, Hyun-Il)

서울대학교에서 역사 연구로 박사학위를 받았다.

주요 논문으로는 「마테오 리치와 동서양 문명 교류」(『증산도사상』 제3집, 2000), 「강증산과 동학」(『증산도사상』 제5집, 2001), 「수부와 종통, 그리고 진법의 맥」(『강증산의 생애와 사상』, 2002) 등이 있다.

현재 증산도상생문화연구소 인문사회과학연구부 연구위원.

온 인류에게 후천 5만년 조화선경의 꿈을 열어주는

한민족의 문화원전 도전

서구에 신약이 있고
인도에 베다와 불경이 있고
중국에 사서오경이 있다면
이제 온 인류에게는 『道典』문화가 있습니다

초기 기록으로부터 **100년** 만에 드디어 완간본 출간!

하늘땅이 함께하는 진정한 성공의 비밀을 알고 싶습니까?
세계를 지도하는 한민족의 영광을 만나고 싶습니까?
마침내, 가을개벽을 맞이하는
세계 역사 전개의 청사진을 보고 싶습니까?
상생의 새 진리 원전 말씀, 『도전』을 읽어 보세요
이 한권의 책 속에 세계일가 시대를 여는
놀라운 상생 문화의 비전이 담겨 있습니다.

『도전』에는 후천가을의 새 문화 곧 정치·종교·역사·과학·여성·어린이 문화 등 미래 신문명의 총체적인 내용이 모두 함축되어 있습니다. 서양 문명의 중심이 신약 한권에서 비롯되었듯이, 후천 5만년 상생의 새 역사는 이 『도전』 한 권으로 열립니다.

『도전』 읽기 범국민 운동 이제 당신도 참여할 수 있습니다

전국 주요 서점, 케이블TV STB상생방송,
www.jsd.or.kr (증산도 공식 홈페이지)에서
『도전』을 만나보세요

甑山道
道典

증산도 도전편찬위원회 편찬 | 최고급 양장 | 대원출판

채널 문의 1588-1651

함께해요
상생의 새 문화

STB

전국 각지의 **케이블TV 방송망**을 통해
시청할 수 있습니다

www.stb.co.kr

언제 어디서나 **STB상생방송**의
고품격 문화 컨텐츠를 만날 수 있습니다

인류 신문명의 비전을 제시하는 한韓문화 중심채널
SangSaeng Television Broadcasting

주요 프로그램

STB 기획특집
상제님 일대기, 안운산 종도사님 대도 말씀
『도전』강독 대大 강연회

한민족의 문화원전 도전 문화를 연다
『도전』 산책, 『도전』 퀴즈
I Love English DOJEON 등

새시대 새진리 증산도
알기 쉬운 증산도, 증산도 문화공감
애니메이션 〈신앙 에세이〉, 특집 시리즈 〈병난〉

STB 연중 캠페인
생명을 개벽합시다
〈1사社1 문화재 지킴이〉 운동 등

한문화 중심채널 STB상생방송
STB 초정 〈역사특강〉
전통음악회 〈맏양〉, 〈한국의 마을숲〉

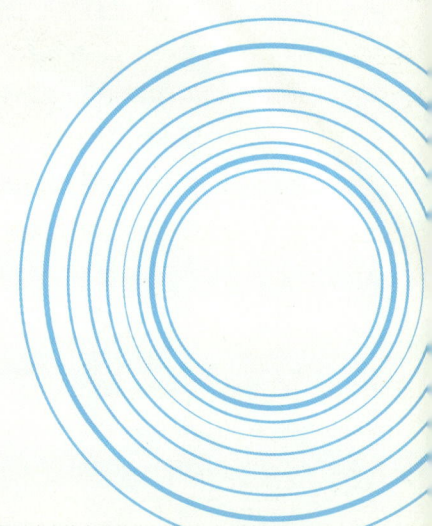

천하대세를 알아야 성공한다!

당신은 12만9천6백년의 우주년에서
가장 큰일을 할 수 있는 바로 그 시점에 살고 있다

天地의 道
春生秋殺

안운산 지음 | 양장 | 전면 칼라
376쪽 | 말씀 오디오 CD 포함

안운산 말씀
오디오 테이프 10개 세트

상생의 새 문명을 여는 천지대도 말씀

인류 통일문명의 놀라운 비전과 대변혁 이야기

이제 인간 삶의 목적과 깨달음,
새롭게 태어나는 내일의 참모습을
속 시원하게 밝혀주는 멋진 새이야기가 시작된다

개벽 실제상황

안경전 지음
크라운판 | 전면 칼라
560쪽

이 책에는 길을 찾아 방황하는 오늘의 우리 이야기에서 시작하여 신천지가 열리는 원리(1부), 뿌리 뽑힌 한민족혼과 한민족사의 진실(2부), 동서 문화의 뿌리인 신교神敎의 맥과 인간으로 오신 상제님이 여시는 새 역사의 길(3부), 대개벽의 실제상황과 개벽의 의미(4부), 그리고 구원의 새 소식과 개벽 후에 지상에서 맞이하는 아름다운 세상 이야기(5부)가 담겨 있다. '언제쯤 진정한 개벽 소식, 구원 소식을 들을 수 있을까?' 라고 새 소식에 목말라 했다면, 이제 당신은 샘물을 찾은 것이다.